LA CONSTITUCION
DE LOS ESTADOS UNIDOS

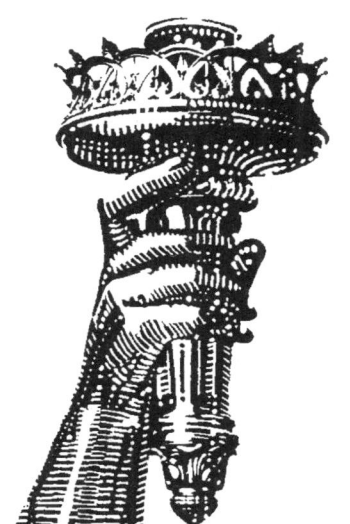

Dra. Maria Viramontes de Marin y Prof. Reymundo Marin

Third Edition
1998

TX 2-467-856
Copyright © 1988 by Marin Publications, a subsidiary of M & R Marin Associates, Inc.

All rights reserved. No part of this publication may be reproduced, stored in retrieval systems, or transmitted in any form or by any means, electronic, mechanical, photocopying, recording, or otherwise, without prior written permission of the authors. All inquiries should be addressed to
Marin Publications, 1575 42nd. Street, San Diego, CA 92105,
(and/or P.O. Box 2756, Chula Vista, CA 91912-2756)
Tel/Fax (619) 263-8368.

Manufactured in the United States of America.

Cover design and art work: Francisco Hueso.

RECONOCIMIENTOS

Con agradecimiento dedicamos este trabajo a nuestros buenos amigos y familiares que tan generosamente nos dieron de su tiempo, talento y amistad: Francisco y Felipe Hueso, Alba Calderón, Gonzalo Gonzales, Isa Guerrero, Mayan Avitable, Isaac Cubillos e innumerables amigos que nos hicieron comentarios para mejorar la primera, segunda y tercera edición.

INTRODUCCION

Este libro es una síntesis de la Constitución de los Estados Unidos de Norteamérica. El libro consta de doce capítulos con muchas ilustraciones. Este libro es apto para jóvenes que estudian gobierno y civismo de los Estados Unidos en el octavo grado de la escuela intermedia y en el onceno grado de la escuela secundaria. Los adultos encontrarán que este libro presenta los puntos esenciales de la Constitución y fácilmente podrán ayudar a sus hijos a entender mejor sus derechos. A las personas que no saben leer bien el inglés, este texto en español les ayudará a entender la Constitución y sus derechos.

CONTENIDO

El libro está dividido en doce capítulos. El texto trata de explicar breve y sencillamente el contenido de la Constitución de los Estados Unidos. El texto se apega a los objetivos requeridos por La Secretaría de Educación Pública estatal. Los primeros capítulos presentan la base filosófica de los escritores de este gran documento.

Los ejercicios tienen como objetivo repasar la información que más se maneja en las clases de gobierno y civismo. Aunque no es necesario contestar cada pregunta de los ejercicios, la repetición ayudará a los alumnos a recordar los puntos más importantes.

Se han incluido algunas ilustraciones que representan símbolos considerados importantes en los Estados Unidos. Se sugiere la consulta de libros en la biblioteca y en la red de internet para un conocimiento detallado de cada uno de estos símbolos.

PARA EL MAESTRO

Los maestros que dan clases de gobierno y civismo se darán cuenta de la utilidad de este trabajo. Pueden fácilmente cubrir más material en clase, sin detenerse en explicaciones detalladas de los conceptos constitucionales. Los alumnos podrán repasarlos por sí mismos en español.

El estudio de los derechos otorgados al individuo por la Constitución es tan importante que conviene comprenderlos primero en español y luego asimilar la información en inglés. El maestro puede utilizar la información como base para preparar lecciones de inglés utilizando el vocabulario del texto.

PARA EL LECTOR

Es nuestro deseo ayudar al estudiante a comprender la estructura del gobierno de los Estados Unidos por medio de una explicación sencilla de la Constitución. Se ha hecho una traducción libre de la Declaración de la Independencia con el fin de dar a conocer las razones que los fundadores de los Estados Unidos tuvieron para separarse de Inglaterra. Este texto presenta diversas subdivisiones del gobierno, y los principales derechos y obligaciones que corresponden a los ciudadanos o a los residentes permanentes. También conviene señalar las diferencias fundamentales entre la Constitución de los Estados Unidos de Norteamérica y las de otros países de la América Latina.

El estudiante y el adulto encontrarán muy valiosa esta información porque se presenta en un lenguaje sencillo y sirve de repaso de los puntos más importantes de la Constitución de los Estados Unidos de Norteamérica.

INDICE

Introducción.. iii

1   LAS BASES FILOSOFICAS Y POLITICAS DE LA CONSTITUCION

El orden viejo..	2
La Magna Carta...	4
Algunos de los derechos..	6
Importancia de la Magna Carta en la Nueva Inglaterra..	8
Los peregrinos ingleses..	8
La Carta de Derechos ingleses......................................	9
John Locke..	12
Las cartas constitucionales..	12
Las Señores del Comercio...	14
El espíritu de federalismo..	14
Ejercicios...	16

2   LAS CARTAS CONSTITUCIONALES

Jamestown...	19
Plymouth, Massachusetts...	22
Pacto de La Flor de Mayo..	23
Los puritanos..	25
Día de Accion de Gracias..	30
El conflicto del poder...	31
Ejercicios...	38

3   DECLARACION DE LA INDEPENDENCIA

La Declaración de la Independencia de los Estados Unidos de América......................................	42
Ejercicios...	52

4   FORMANDO UNA NACION

El Primer Congreso Continental...................................	54
Las ideas de Thomas Paine...	59
El sentido de aislamiento...	61
Ejercicios...	63

5 ACUERDOS Y DESACUERDOS

Los Artículos de la Confederación............................	65
La nueva Constitución...	66
Los Papeles Federalistas..	71
La representación equilibrada...................................	71
El Gran Acuerdo..	72
La ambivalencia hacia la esclavitud.........................	73
Las Tres Quintas Partes..	73
Los impuestos..	74
La presidencia...	74
Los Derechos Civiles..	75
La ratificación de la Constitución............................	76
Ejercicios...	77

6 LA CONSTITUCION

El saludo a la Bandera..	79
La Bandera...	80
La Independencia..	83
La Constitución...	84
Los Tres Principios Constitucionales.......................	86
La estructura de la Constitución...............................	86
El Preámbulo...	88
Los Artículos...	88
Las Enmiendas...	90
La Carta de Derechos..	90
Ejercicios...	97

7 EL PODER EJECUTIVO

La Casa Blanca..	105
El Poder Ejecutivo..	107
El Presidente...	107
La democracia representativa...................................	109
El Poder Ejecutivo..	110
Algunos Presidentes más famosos............................	110
La Vicepresidencia..	110
Deberes y obligaciones...	111
El Gabinete..	113
Las agencias federales independientes.....................	119
El monumento a Washington....................................	124

Ejercicios..	125

8 EL PODER LEGISLATIVO
El Capitolio de los Estados Unidos............................	130
El Congreso..	134
El Senado..	134
La Cámara de Diputados..	137
Como se promulgan y se aprueban las leyes..............	140
Ejercicios..	143

9 EL PODER JUDICIAL
El Poder Judicial..	148
Las diferentes cortes federales..................................	150
Las decisiones de la Suprema Corte..........................	150
Ejercicios..	154

10 EL GOBIERNO ESTATAL
Los estados y la Constitución....................................	159
Los poderes del Estado..	159
La estructura del gobierno Estatal.............................	160
El ejecutivo..	160
El poder y los partidos políticos................................	163
La legislatura estatal..	164
Las cortes estatales..	166
La estructura de los tribunales estatales....................	167
Las relaciones fiscales...	169
El condado..	169
El gobierno local..	171
El plan de alcalde y cabildo......................................	172
El plan de cabildo y el administrador.......................	173
El plan de comisionados..	173
Los distritos especiales..	174
Los oficiales locales..	174
La importancia de la democracia..............................	174
Ejercicios..	176

11 LOS DERECHOS CONSTITUCIONALES
El monumento a Lincoln...	182
Los derechos constitucionales...................................	184

El sistema legal inglés...	184
Los Derechos de Miranda..	185
El procedimiento para obtener evidencias........................	186
La libertad bajo fianza..	187
El huir de un accidente...	187
La garantía de asesoría legal gratuita............................	187
El juicio y el jurado..	188
El veredicto del juez o jurado...................................	189
La sentencia..	190
¿Es Infalible el Sistema?..	190
Ejercicios...	192

12 EL PROCESO PARA HACERSE CIUDADANO

La Campana de la Libertad.....................................	196
Los requisitos para la ciudadanía...............................	198
Solicitud de naturalización......................................	198
La entrevista y el examen.......................................	204
La audiencia ante la Corte de Inmigración....................	204
El juramento de ciudadanía.....................................	205
El certificado de ciudadanía....................................	205
La Estatua de la Libertad.......................................	206
Ejercicios...	207
El examen de ciudadanía..	211
El monumento a Jefferson......................................	228

13 APENDICE

Glosario...	229
Diccionario...	232
Respuestas a los ejercicios......................................	241

CAPITULO UNO
LAS BASES FILOSÓFICAS Y POLÍTICAS DE LA CONSTITUCIÓN

INFORMACION QUE EL ALUMNO DEBE CONOCER:

1. Poder explicar el viejo orden.

2. Identificar 5 de los derechos de la Carta Magna.

3. Explicar la importancia de la Carta Magna.

4. Hablar del contenido de La Carta de Derechos Ingleses.

5. Explicar la función del Parlamento Inglés.

6. Identificar quién era John Locke.

7. Conocer la función de los Señores del Comercio.

8. Poder explicar el espíritu del concepto del Federalismo.

9. Identificar los motivos de la oposición de los colonos contra Inglaterra.

10. Identificar la importancia de Runnymede y el año 1215.

LAS BASES FILOSÓFICAS Y POLÍTICAS DE LA CONSTITUCIÓN

EL VIEJO ORDEN

Al llegar a las costas de la Nueva Inglaterra en mayo de 1607, los primeros peregrinos venían con la ilusión de establecerse en un lugar donde pudieran practicar su religión sin interferencias del estado. Los peregrinos tomaron el alto riesgo de aventurarse a un continente desconocido sin imaginarse lo que encontrarían. Sabían que existía un nuevo continente porque las noticias de la colonización de España eran bien conocidas.

Desde el primer viaje de Cristóbal Colón al continente americano en 1492, los españoles llevaban ya 145 años de presencia continua en la Nueva España. Los ingleses querían participar también en la explotación de riquezas y ser dueños de territorios para el beneficio de la Isla Británica. La Corona Inglesa estaba dispuesta a otorgar concesiones a los ingleses que quisieran arriesgar su capital para establecer una Nueva Inglaterra en el continente americano.

Los peregrinos traían también unas tradiciones políticas e ideas de gobierno que cubrían varios siglos. Desde 1215, los ingleses habían limitado poco a poco el poder y autoridad del rey en forma de concesiones de derechos por escrito. Ellos se consideraban leales a la corona inglesa. A la misma vez, sabían los límites de gobierno que sus antepasados habían puesto en sus reyes.

En otras partes de Europa, en Francia, por ejemplo, los reyes eran absolutos y se creía que gobernaban por la voluntad de Dios. El Derecho Divino de los Reyes (Divine Right of Kings) era un principio político establecido para mantener el orden social.

La forma de gobierno de los ingleses era la de una monarquía limitada. Los reyes eran poderosos, pero el pueblo había ganado ciertos derechos por escrito. La monarquía inglesa no practicaba el absolutismo, es decir, no gobernaba por Derecho Divino.

La clase aristócrata era gente con títulos de nobleza otorgados por el rey. Entre más privilegios gozaba la persona, más elevado era su título. Los títulos de duque-duquesa, conde-condesa, marqués-marquesa, barón-baronesa, eran títulos heredados de los padres a los hijos e hijas. La gente noble o aristocrática más allegada al rey también vivía en palacio. Los nobles y sus hijos se convertían en asistentes del rey y la reina. Los nobles formaban un consejo de gobierno para proteger sus intereses contra los atentados de la corona.

Los comerciantes y banqueros vivían en pueblos y ciudades y se consideraban burgueses. Los siervos (serfs), gente del campo vivían en las haciendas, labraban la tierra y pertenecían a la clase baja. Entre ellos estaban los criados, escuderos, artesanos y soldados, que también pertenecían a la clase común.

CARTA MAGNA

El sistema de gobierno que se estableció en las costas de la nueva inglaterra venía de la tradición inglesa de leyes y derechos otorgados al pueblo desde la Carta Magna.

La **Carta Magna** es uno de los documentos más importantes de la historia constitucional inglesa. La carta fue firmada por el Rey John en Runnymede en 1215 bajo la presión de los Barones. La Carta contiene 58 secciones y cada sección habla de los derechos que el rey tiene que respetar. La Carta en una especie de constitución o carta de derechos.

Uno de los temas principales que preocupaba a los Barones era la de asegurar que el pacto firmado por el rey sería parte de la herencia de las generaciones futuras y que sería un pacto para siempre. El propósito original fue la de asegurar los derechos feudales, es decir, ciertos privilegios que los barones se reservaban para sí mismos a cambio de servicio al rey.

El sistema feudal era un contrato de la Edad Media que el gran señor hacía con los vasallos por el uso de la tierra. A cambio de serle fiel, le prestaba servicio militar y le pagaba tributo por vivir en su propiedad. Este sistema rural tenía su propia economía y orden social. Los Barones mantenían una extensión de tierra, tipo hacienda, que consistía de la Casa Grande o castillo, las casas de todas las personas al servicio del gran señor, incluyendo los villanos y los siervos atados a la tierra. A cambio de trabajo y servicios prestados a la Casa Grande, el Barón brindaba su protección contra enemigos por medio de su ejército. Las condiciones inestables de esa época obligaron a la gente a vivir bajo la protección del Barón.

RUNNYMEDE, EL AÑO DE 1215

ALGUNOS DE LOS DERECHOS:

El pacto que el Rey John tuvo que firmar garantizaba que el rey respetaría los privilegios de los Barones. La lista de derechos es bastante larga y se sugiere a los estudiantes consultar el texto original en la biblioteca pública para investigar la riqueza de temas que la Carta contiene. A continuación se hará un breve repaso de los derechos más sobre salientes para ilustrar la cantidad de derechos que los Barones querían asegurar.

1. La Carta garantizaba la libertad a la iglesia y las costumbres a los pueblos. Protegía también los derechos a los habitantes y comunidades.
2. Daba protección a los huérfanos y viudas contra la confiscación de sus bienes. Establecía un proceso para que los bienes pudieran pasarse de los padres a los hijos o parientes.
3. Se le prohibía al rey recaudar impuestos excepto bajo ciertas condiciones.
4. Se le otorgó a la Ciudad de Londres y otras comunidades el derecho antiguo de libertad y el control de sus aduanas.
5. Se garantizaba el derecho de entrada y salida del país libremente.
6. Se protegían los derechos de los campesinos que vivían en las tierras de los señores cuando estas tierras cambiaban de dueño.
7. Prohibía al rey tomar de rehenes (prisioneros) a los familiares de sus enemigos.
8. Eliminaba el ejército especial del rey.
9. Establecía el derecho de los caballeros que participaron en Las Cruzadas.
10. Protegía al ciudadano contra la confiscación de sus bienes, es decir, quitar por la fuerza propiedad, caballos o carretas para el servicio del rey.
11. Protegía la tierra y bienes de los caballeros de confiscación (quitar por la fuerza) o destrucción si fueran convictos de una felonía o crimen.
12. Se estableció la uniformidad de pesas y medidas.

13. Se prohibió la tortura física para probar la inocencia; Se permitió llamar a personas que juraran a favor del acusado; y se estableció un jurado de 12 hombres honrados para probar la culpabilidad o inocencia del acusado.
14. Se prohibió el encarcelamiento o exilio, excepto por un jurado.
15. Protegía los derechos de los comerciantes de impuestos o multas injustas.
16. Fijaba y regulaba los impuestos sobre el terreno.
17. Protegió a los ciudadanos de tener que reparar puentes y caminos por la fuerza según el capricho del rey.
18. Protegía al acusado; se exigía un jurado de sus semejantes; se garantizaba protección contra multas injustas, y la restauración de sus bienes.
19. Estipuló que el acuerdo de la **Carta Magna** permanecería en rigor para siempre.
20. En la defensa de los derechos individuales, estableció el principio legal del habeas corpus. Derecho de todo ciudadano, detenido o preso, a comparecer inmediatamente y públicamente ante un juez o tribunal para que, oyéndole, resuelva si su arresto fue o no legal, y si debe alzarse o mantenerse.

La limitación de la autoridad del rey inició una serie de conflictos entre el rey y los derechos de los Barones. Irónicamente, al buscar la protección de sus derechos, los Barones no se interesaron en dar muchas libertades a sus peones y campesinos.

El Rey John repudió (desconoció) la Carta que había firmado bajo presión, alegando que había recibido una dispensación (perdón) especial del Papa por haber sido forzado a firmarla. A la iglesia le interesaba mantener el orden establecido por los reyes absolutos porque la estructura de gobierno de la iglesia se parecía mucho al absolutismo de los reyes. Si se ponían límites a los poderes del rey, la iglesia sería afectada. Debido al repudio del Rey John de la Carta Magna, se desató una guerra civil y el rey tuvo que aprobar de nuevo la Carta.

IMPORTANCIA DE LA CARTA MAGNA EN LA NUEVA INGLATERRA

Los principios legales presentados en la Carta Magna desde 1215 tuvieron un impacto directo en el desarrollo de las ideas políticas de gobierno de las 13 colonias. Los primeros peregrinos reafirmaron la creencia de que el rey no reinaba por derecho divino y que su poder tenía límites. Reafirmaron también que el rey no podía recaudar impuestos sin el consentimiento de los gobernados.

A través de los siglos, la Carta ha sufrido cambios en algunas cláusulas. Sin embargo, las cláusulas que han permanecido se conocen como la Gran Carta o Carta de Libertades. Más tarde la **CARTA MAGNA** se convertirá en símbolo de la supremacía de la Constitución sobre la autoridad del Rey.

LOS PEREGRINOS INGLESES

Es importante notar que los peregrinos venían también de una tradición social donde existía una división de clases muy marcada. Esa sociedad incluía la forma de gobierno monárquico con sus títulos de nobleza. El resto de la gente pertenecía a la clase común. La clase común era la que tenía más necesidad de emigrar. Este factor sería importante en el desarrollo de la nueva sociedad en tierras americanas donde se fomentaría la democracia sin títulos de nobleza.

No fue la intención original de los peregrinos ingleses establecer una nación separada de Inglaterra. Sin embargo, al establecerse en tierras americanas alejados del rey y las clases aristócratas, los peregrinos tuvieron la oportunidad de exigir ciertas garantías y adoptar nuevas ideas.

Los colonos tenían que resolver preguntas fundamentales acerca de los derechos individuales. La pregunta básica de la autonomía e independencia residía en que si los derechos civiles eran en realidad innatos, es decir, derechos que pertenecen a la persona al nacer. Tenían que establecer que si en verdad los derechos humanos eran innatos sería necesario ponerlos por escrito. La urgencia de los primeros colonos se basaba en sus experiencias con las injusticias y excesos de los monarcas europeos. El pueblo solamente podía controlar el poder del rey exigiendo que todo derecho y privilegio estuvieran por escrito.

LA CARTA DE DERECHOS INGLESES

Hoy día los derechos humanos y libertades individuales parecen ser cosas comunes que todos aceptamos como un hecho. En el siglo trece, los reyes ejercían poder absoluto. Sus exigencias a veces llegaban a lo irracional. Los reyes trataban de imponer su voluntad fuera justa o injusta. Los súbitos del rey, por primera vez, impusieron frenos y límites a su propio rey. El hecho de poner el acuerdo por escrito, el pueblo reconocía que el gobierno tenía responsabilidades hacia los gobernados y que el rey gobierna por el consentimiento de la gente. Este pacto por escrito fue un acto radical en ese siglo.

Para proteger sus derechos, el pueblo inglés formó un parlamento. Hacia el año de 1689, el pueblo había ganado ciertos derechos civiles conocidos por el nombre de **La Carta de Derechos Ingleses**. Este documento garantizaba ciertos derechos que limitaban el poder de los reyes ingleses.
    a) Se eliminó el derecho de los reyes de gobernar por derecho divino.
    b) Los reyes gobernaban bajo el consentimiento del parlamento que representaba al pueblo.
    c) Solamente con el permiso del parlamento, podía el rey recaudar impuestos, mantener un ejército y suspender leyes.
    d) No se le permitía al rey interferir en las elecciones libres del parlamento o de participar en sus debates.

e) Se aseguraba un juicio justo y rápido a cada acusado por un tribunal de sus semejantes.
f) Se le permitía a todo ciudadano el derecho de presentar una petición al gobierno.
g) Se prohibía el castigo cruel e injusto.
h) Se le protegía al ciudadano contra multas y fianzas excesivas.

Los colonos que llegaron al nuevo mundo trajeron consigo creencias en sus derechos. Ellos habían participado en un gobierno parlamentario que era representativo. Poco a poco el parlamentario había ganado derechos y había limitado el poder del rey inglés. El parlamento se había establecido como un cuerpo representativo político con el poder de levantar impuestos. En la época colonial, los representantes podían establecer nuevas leyes sin permiso del rey.

El pueblo inglés dividió el parlamento en dos cámaras. La cámara alta pertenecía a la Cámara de los Señores representando a los aristócratas.

EL PARLAMENTO INGLES

El pueblo, los comerciantes y los propietarios pertenecían a la Cámara de los Comunes o la Cámara Baja. Estas dos cámaras electas formaron la base filosófica de los constituyentes de las colonias.

JOHN LOCKE

Nuevas ideas dieron fuego a las nuevas ideas de independencia. En 1689 John Locke (1632-1704) publicó <u>Dos Tratados Sobre el Gobierno, (Two Treatieses on Government)</u>. En sus tratados Locke justificó una monarquía constitucional. Afirmó que en la naturaleza, los hombres eran buenos, iguales e independientes. El estado, afirmó, se formaba por un contrato social y debería ser guiado por las creencias en los derechos naturales del hombre. Sus ideas fomentaron la democracia y dieron origen a la Constitución de los Estados Unidos.

Según las ideas de Locke, toda persona nacía ya con ciertos derechos que nadie se los podía quitar. Estos derechos eran la libertad, la igualdad, y la independencia. Antes de que se formara un gobierno, a cada persona le pertenecía el derecho a la vida, a la libertad, y a la propiedad. El pueblo mismo tenía el derecho de formar un gobierno para su bienestar y para la protección de estos derechos. Si por cualquier razón el gobierno fallaba en su obligación de proteger los derechos del pueblo, o si se abusaba del poder, el pueblo tenía el derecho de disolver ese gobierno. La base de todo gobierno, según Locke, existe solamente con el consentimiento del gobernado.

John Locke fomentó las ideas de independencia y autonomía de los primeros colonos ingleses. Los Tratados eran bien leídos en todas las colonias. Los ingleses formaban tertulias, o grupos de discusión, donde se discutían las ideas radicales de Locke.

LAS CARTAS CONSTITUCIONALES

Las Cartas Constitucionales, como La Carta Magna, fueron la base del gobierno y la política de los Estados Unidos. El rey dio el permiso de colonizar los nuevos territorios de América. Aunque muchos de los colonos salieron desterrados de Inglaterra por haber cometido algún delito (crimen) contra La Corona, todos esperaban gozar de los mismos derechos de súbitos ingleses.

La distancia y la ineficiencia de las autoridades en Inglaterra fomentaron el espíritu de libertad y autonomía en América. La Corona inglesa trató de controlar la política, sin embargo, permitió que los colonos hicieran decisiones locales. La Corona siempre celosa de su poder, se guardó el derecho de desaprobar (negar) cualquiera decisión o ley que los colonos aprobaran.

Las Cartas Constitucionales (charters) de cada colonia permitieron el establecimiento de gobiernos locales. En la mayoría de las colonias reales, el rey nombraba al gobernador (virrey). El virrey era el representante del rey y ejercía muchos de los poderes del rey. Los virreyes ejecutaban las leyes locales, reunían y disolvían las legislaturas, proponían nuevas leyes, nombraban oficiales, y ejercían el derecho de desaprobar una ley por el veto, es decir, por su propia voluntad.

El poder y el sentimiento de la democracia residió en la institución de las legislaturas (asambleas). El rey inglés nombraba a los representantes de La Cámara Alta, mientras que los propietarios elegían a los representantes de la Cámara Baja. La distancia y la negligencia de la corona dejó que muchas veces los colonos eligieran a sus propios representantes de ambas cámaras. Esto apoyó más al espíritu de independencia.

El poder de las asambleas se fue incrementando. Mientras que los gobernadores iban o venían o caían del favor de la corona, los legisladores permanecían en el poder. Estos adquirían poder y experiencia en la autonomía política disminuyendo poco a poco el poder de la corona.

El gobierno descentralizado de la corona disminuyó el poder de sus propios gobernadores coloniales. El Parlamento inglés no estableció una política común para las diferentes colonias. No existía una oficina que se encargara de los asuntos coloniales. Ni existía un comité o persona encargada de resolver problemas en la administración del imperio. El Parlamento en Inglaterra no diferenciaba entre las colonias americanas de los otros territorios del imperio.

LOS SEÑORES DEL COMERCIO

Hacia el año 1680, la corona inglesa se dio cuenta del problema en las colonias americanas. Para rectificar años de indiferencia y descuido, las autoridades en Inglaterra instituyeron un comité, "Los Señores del Comercio" (The Lord of Trades). El Rey Jaime II intentó controlar, unificar y fortalecer el control real.

Los colonos no estaban satisfechos con los nuevos intentos de la corona por controlar los asuntos coloniales. La función del Comité de los Señores del Comercio actuaba de intermediario entre las colonias y las autoridades de Inglaterra. La estructura del nuevo comité no estaba dando resultados satisfactorios y las colonias decidieron enviar sus propios agentes a Londres a luchar por sus propios intereses. Benjamín Franklin fue uno de los agentes más distinguidos de la colonia.

Los colonos resistieron y se opusieron a las demandas de la corona por no haber sido consultados. Este hecho y el aislamiento geográfico fomentaron el espíritu de independencia de las colonias.

EL ESPIRITU DE FEDERALISMO

Varios factores importantes ayudaron a formar el naciente espíritu de federalismo entre las colonias:

(1) Cada colonia tenía su propia carta de derechos y forma de gobierno independiente. La Corona no tenía una política uniforme definida que abarcara a todas las colonias.
(2) Las colonias tenían intereses económicos y sociales en común que las unían. Alejados de la Corona, se sentían libres e independientes.
(3) La unidad entre las colonias los unía contra las fuerzas que se oponían a su progreso. La falta de autoridad del Comité de Los Señores del Comercio ayudó a definir los intereses de la colonia.

No obstante la distancia de un mar que los separaba, las raíces inglesas eran evidentes y fuertes en todas las colonias. Los ingleses trajeron los principios democráticos a la Nueva Inglaterra. Se sentían ligados a Inglaterra por el idioma, la cultura, la herencia, la religión, y la familia. Sus intereses coincidían con los de la Madre Patria.

EJERCICIOS:
SECCION A:
CONTESTE LO SIGUIENTE:

1. Los primeros colonos vinieron a América para liberarse del viejo orden social. ¿Existen estas monarquías todavía? Identifique los países que tienen monarquías y discuta como son gobernados.

2. Compare el concepto del «derecho divino» de los reyes con el poder de un presidente.

3. ¿Son los títulos importantes? ¿Cómo reaccionan los estadounidenses cuando oyen hablar de que el Príncipe y Princesa de Inglaterra vienen de visita? ¿Le gustaría que hubiera títulos de nobleza en los Estados Unidos o en el continente americano?

4. ¿Por qué es importante la Carta Magna? Identifique algunos derechos de la Carta Magna? De ejemplos de cómo se aplican hoy día.

5. Busque ejemplos en el periódico para averiguar donde hay una guerra civil. ¿Qué pasa cuando no hay una constitución o un gobierno? ¿Quién tiene la obligación de proteger los derechos civiles del pueblo?

6. ¿Qué es un dictador? Identifique los países que son gobernados por dictadores. ¿Qué derecho tiene un dictador de negar los derechos civiles a los ciudadanos?

7. La libertad de expresión es un derecho fundamental. Busque en el periódico dos puntos opuestos a este tema. ¿Por qué debe de permitirse la expresión de diferentes puntos de vista de una cuestión?

SECCION B:
COMPLETE LAS SIGUIENTES FRASES:

1. La Carta Magna se firmó en el año _____
   en _____.

2. Nombre tres derechos otorgados en la Carta Magna
   1. _____
   2. _____
   3. _____

3. _____ personas constituyen un jurado.
4. El derecho de _____ protege al ciudadano de encarcelamiento injusto.

5. Los primeros colonos se les conoce como _____

6. Nombre tres derechos otorgados en la Carta de Derechos Ingleses:
   1. _____
   2. _____
   3. _____

7. Según John Locke, si un gobierno es injusto, el pueblo lo puede _____.

8. El contrato legal de gobierno de las colonias se conoce como _____.

CAPITULO DOS
LAS CARTAS CONSTITUCIONALES

INFORMACION QUE EL ALUMNO DEBE CONOCER

1. Identificar el primero modelo que se utlizó para establecer otras colonias.

2. Poder explicar el primer gobierno representativo.

3. Poder hablar del contenido del Pacto de la Flor de Mayo.

4. Comprender la vida de los Puritanos.

5. Explicar el origen de Día de Dar Gracias.

6. Identificar los argumentos básicos del conflicto del poder entre los colonios y la Gran Bretaña.

7. Saber la importancia de El Acta del Timbre.

8. Explicar la Masacre de Boston.

9. Hablar de la meta del Primer Congreso Continental.

CAPITULO DOS
LAS CARTAS CONSTITUCIONALES

JAMESTOWN

El establecimiento de Jamestown fue el modelo que se utilizó para establecer otras colonias. El Rey Jaime I de Inglaterra dio a la Compañía de Londres una cédula real (permiso del rey) para empezar una colonia en el continente americano. La Compañía de Londres era una asociación civil con capital variable. Es decir, inversionistas ingleses arriesgaron su capital para aprovecharse de la riqueza en oro y plata que ellos creían había en abundancia en las nuevas tierras.

Los primeros ingleses salieron del puerto de Londres con 120 tripulantes en tres barcos a finales de diciembre de 1606. Después de un viaje largo y peligroso en pleno invierno, llegaron a lo que hoy es el estado de Virginia en abril de 1607. Allí fundaron Jamestown. La idea era fundar un pueblo y buscar inmediatamente oro, plata y cobre para compensar a los inversionistas.

A pesar de su aspecto geográfico tranquilo, Jamestown resultó ser un lugar pantanoso lleno de mosquitos y difícil para los pioneros. Para el fin del verano más de la mitad había muerto. Muchos murieron de la fiebre malaria. Porque su meta era encontrar metales preciosos no plantaron cosechas para subsistir en el invierno. Sin provisiones, el invierno les resultó peor. Para el inicio de la segunda primavera, solamente 38 sobrevivientes quedaban cuando llegó el barco de provisiones de Inglaterra. Si no hubiera sido por la ayuda de los

JAMESTOWN

indígenas que compartieron su comida con ellos se hubieran muerto todos.

A pesar de lo difícil de las circunstancias, la colonia que se logró establecer en Virginia fue una de las mas democráticas. La Carta Constitucional de la Compañía Virginia fue el primer documento que estableció la democracia en América. Esta carta garantizó a los colonos ingleses todos los derechos de los ciudadanos en Inglaterra.

Desde el principio, los colonos de Jamestown fueron rebeldes. Los colonos se negaron a aceptar las reglas impuestas por la Compañía de Virginia, dueña de las tierras de la colonia. Basándose en los derechos ingleses, los colonos exigieron reconocimiento a sus peticiones. Las dos partes llegaron a un acuerdo. La compañía nombraría al gobernador y los colonos harían sus propias leyes y elegirían dos representante que consultarían con el gobernador.

Los representantes iniciaron un gobierno representativo. Estos constituyeron la primera forma de auto gobierno en 1619. El cuerpo de legisladores se conoció como la "Cámara de burgueses" (ciudadanos libres (The House of Burgueses). La reunión de la Cámara de Burgueses instituyó el principio de autonomía en las colonias inglesas. Los colonos exigieron los mismos derechos de representación que tenían en Inglaterra.

La manera de establecer una representación justa fue un punto de desacuerdo en el desarrollo de las legislaturas coloniales. Los primeros representantes en la Cámara de Burgueses fueron designados sobre un sistema geográfico y no basado en el número de habitantes. Al principio esto fue satisfactorio. Los problemas surgieron cuando los primeros colonos negaron una representación similar a los nuevos colonos. Los ciudadanos y terratenientes ejercían poder sobre los legisladores y no iban a compartir el poder con los recién llegados. La manera de formar una representación democrática causaría problemas en el futuro.

El gobierno representativo se basó en el principio de la voluntad de la mayoría. La democracia representativa solamente puede cumplir su meta si todos aceptan la voluntad de la mayoría. Pero para que el sistema funcione bien, se tiene que tomar en cuenta el derecho y la opinión de la minoría. Cuando los intereses de la minoría no se toman en cuenta, no puede reinar la harmonía y bien social. Si el grupo mayoritario ignora el bienestar de la minoría, se fomenta la intolerancia y la injusticia.

PLYMOUTH, MASSACHUSETTS

La Compañía de Nueva Inglaterra, sociedad anónima, recibió una cédula real (permiso del rey) en 1618 para atraer personas de dinero que quisieran invertir en el proyecto y a personas que quisieran establecerse en América. En Septiembre de 1620, el barco, Flor de Mayo, zarpó de Plymouth, Inglaterra, con una tripulación de 101 colonos.

Entre los 101 colonos, venían 35 pioneros ingleses procedentes de Holanda que se habían separado de la Iglesia Anglicana en 1608 y emigrado en busca de libertad religiosa. Aunque gozaban de libertad religiosa en Holanda, querían buscar nuevas oportunidades en tierras bajo el dominio inglés. Estaban inconformes en Holanda porque no podían conseguir buenos empleos y sus niños estaban perdiendo el idioma inglés.

El Barco Flor de Mayo nunca llegó a su destino, es decir, a las costas de Virginia. Por estar fuera de la jurisdicción del la Compañía de Londres, los tripulantes decidieron redactar un documento, es decir, un acuerdo, para auto gobernarse en tierra extraña.

En el documento los pioneros reconocieron la autoridad del Rey de Inglaterra. En seguida, prometieron obedecer y someterse a la autoridad de los oficiales que ellos mismos eligieran y a las leyes que ellos aprobaran para el buen gobierno de la colonia. Este convenio se conoce como el pacto de la Flor de Mayo (The Mayflower Compact). El documento es sencillo. Fue la primera vez en la historia que un grupo de personas se propusieron a crear un gobierno. Ellos no tenían la intención de crear una nueva nación. Además reconocían la autoridad del rey.

PACTO DE LA FLOR DE MAYO

En el nombre de Dios, Amen. Nosotros, cuyos nombres están suscritos, súbitos leales de nuestro asombroso Soberano Señor Rey Jaime, por la gracia de Dios, de la Gran Bretaña, Francia, e Irlanda, Rey, Defensor de la Fe, etc., habiendo emprendido por la gloria de Dios, y para el avance de la Fe Cristiana, y en honor a nuestro Rey y país, un viaje para establecer la primera colonia en la parte norte de Virginia, ante los presentes, solemnemente y mutuamente ante la presencia de Dios, y el uno del otro, convenimos y nos combinamos en un cuerpo civil político, para el buen orden y preservación mutua, y para el adelanto de las metas antedichas; y por la virtud que aquí aprobamos, constituimos, y formulamos leyes justas de igualdad, ordenanzas, actos, constituciones, y oficinas, de tiempo en tiempo, como se pensará más apropiado y conveniente para el bienestar de la colonia; a las cuales prometemos todo rendimiento y obediencia merecida. Como testigos de lo que aquí hemos suscrito nuestros nombres en Cape Cod el once de noviembre, en el reino de nuestro soberano señor Rey Jaime de Inglaterra, Francia, e Irlanda y de Escocia, en el año de Dios 1620.

William Bradford	*Digery Priest*
John Carver	*Sr. Stephen*
Edward Winslow	*Thomas Williams*
William Brewster	*Gibert Winslow*
Isaac Allerton	*Edmundo Margesson*
Miles Standish	*Peter Brown*
John Alden	*Richard Biteridge*
John Turner	*George Soule*
Frances Eaton	*Edward Tilly*

EL PACTO DE LA FLOR DE MAYO

James Chilton	*John Til*
John Craxton	*Francis Cooke*
John Billington	*Thomas Rogers*
Samuel Fuller	*Edward Liester*
Joseph Fletcher	*Thomas Tinker*
John Goodman	*Edward Fuller*
Christopher Martin	*Richard Clark*
William Mullins	*Richard Gardinar*
William White	*John Allerton*
Richard Warren	*Thomas English*
John Howland	*Edward Doten*
	John Ridgate

El establecimiento de la colonia de Plymouth aumentó más el sentimiento de autonomía en el sistema político colonial. Estos peregrinos se habían exiliado de Inglaterra para escapar la persecución religiosa. Se les llamó "separatistas" por haber dejado la iglesia oficial del estado en busca de libertad de conciencia religiosa. Los peregrinos venían de la clase pobre y sin dinero, aceptaron la propuesta de venir al nuevo mundo con aventureros mercantiles. Los empresarios pondrían el dinero, mientras que los peregrinos fundaban la colonia.

LOS PURITANOS

A los 19 años después de la llegada de la Flor de Mayo, los puritanos llegaron a Connecticut. Esta secta religiosa escribió la primera constitución llamada Las Ordenes Fundamentales de Connecticut (The Fundamental Orders of Connecticut). Los peregrinos establecieron un gobierno según los principios de la Magna Carta y la filosofía de John Locke. Siguiendo las ideas de Locke, los pioneros creían que el pueblo debería elegir sus gobernantes y jueces. Siguiendo la misma lógica, también tenían el derecho de elegir sus representantes, de formar una asamblea y proponer leyes que limitarían el poder del gobierno.

Los puritanos eligieron representantes para imponer la ley y el orden sobre la colonia. Cada ciudadano vio como obligación el servir en una capacidad u otra en el gobierno. La meta fue la de establecer reglas y leyes de auto gobierno. Más que todo, los peregrinos querían controlar la conducta de los habitantes. Por razones religiosas su preocupación principal fue la de frenar a los borrachos. El tomar bebidas alcohólicas era mal visto por la comunidad de pioneros.

Segundo, la manera de vestir tenía que ser muy conservadora sin adornos y joyas. Por lo tanto impusieron reglas estrictas para controlar la manera de vestir. En tercer lugar, todos tenía que trabajar y era muy mal visto el no tener algo que hacer. Fue importante para ellos controlar la ociosidad, es decir, no se permitía la pereza o la "dulzura de no hacer nada." Además, cada colonia estableció leyes para la protección de los derechos civiles y el bienestar de los habitantes. Este ejercicio de auto gobierno era nuevo para ellos y fue el inicio de la autonomía Americana.

Los primeros puritanos, como muchos que los siguieron, llegaron al nuevo mundo buscando una nueva vida. Vinieron con su fe puesta en Dios y se pusieron en sus manos. Este factor es de suma importancia porque con esa confianza podían enfrentarse a todas las adversidades y contratiempos. Desconociendo e ignorando lo que encontrarían, les guiaba su fe en Dios. Después de Dios, dependieron el uno del otro para sobrevivir. Esta solidaridad los protegería en el futuro. Su fuerte era que reconocían la necesidad de la unidad.

Pronto se dieron cuenta de que no era tan fácil sacar el fruto de la tierra. En tierra ajena no conocían la manera de plantar y levantar las cosechas a las cuales estaban acostumbrados. Descubrieron la planta del maíz, gracias a la ayuda de los indígenas. Un indígena llamado Squanto se compadeció de ellos y con mucha bondad compartió con ellos la manera de sobrevivir. Les enseñó a plantar el maíz y la calabaza, productos nativos de América. Compartió también la técnica de pescar en los ríos para alimentarse y de usar el mismo pescado para fertilizar la tierra para obtener mayor rendimiento. Los peregrinos estaban aprendiendo a adaptarse a su nuevo país.

DIA DE ACCION DE GRACIAS

Durante la primavera y el verano de ese mismo año sembraron las cosechas y recogieron los frutos en el otoño. Los puritanos tenían mucho que agradecer por la abundancia de las cosechas y por haber sobrevivido un año más. También tenían que agradecer a sus vecinos, a los habitantes originales del continente, por haber compartido con ellos los productos americanos y la técnica de agricultura que ellos habían desarrollado mucho antes de la llegada de los puritanos.

Partiendo de sus creencias religiosas y su fe en Dios, los puritanos decidieron hacer una fiesta de otoño para agradecer todos los favores recibidos durante el año. Para este evento prepararon las mejores platillos de la cocina de dos mundos, el Europeo y el Americano. De la cocina americana cocinaron platillos usando el maíz, la calabaza, nueces, frutos secos de la región, y el guajolote (pavo), ave nativa del continente americano. Para hacer este evento más extraordinario, invitaron a sus vecinos indígenas para compartir con ellos la abundancia de su mesa. La primera fiesta de otoño de los peregrinos se celebró el 21 de noviembre de 1621. A partir de esta fecha se estableció la tradición americana del Día de Acción de Gracias.

Al continente americano no llegaron solamente colonos de Inglaterra. Otros países y otros sistemas políticas influyeron en el pensamiento americano. Los franceses bajo Samuel de Champlain en 1608 fundaron la primera colonia en Quebec, hoy Canadá. En 1628, los holandeses fundaron la colonia de la Nueva Amsterdam, en la Isla de Manhattan, en lo que ahora es el estado de Nueva York. Más tarde esta colonia se convertiría en la gran ciudad de Nueva York.

En 1630 los puritanos obtuvieron una cédula real y organizaron la Compañía de la Bahía de Massachusettes. Su meta fue la de practicar el auto-gobierno. Más de mil fieles llegaron en el primer grupo. Muchos de los peregrinos se habían separado de la Iglesia de Inglaterra y venían en busca de libertad religiosa. A éstos se les llamó "separatistas."

UN PURITANO

los puritanos también criticaban la Iglesia de Inglaterra. Sin embargo, los puritanos no eran separatistas y deseaban purificar la iglesia desde dentro. De ahí les viene el nombre de puritanos. A diferencia de otras colonias, los puritanos regalaron el poder de administrar la colonia a los dueños de la compañía. Pero los puritanos advirtieron que si no incluían la participación de los otros colonos en el gobierno de la colonia, se crearían problemas en el futuro.

Para poder votar y participar en las decisiones de la colonia los puritanos inventaron la categoría de "Freemen", (hombres libres). Los puritanos se consideraban hombres libres y se reservaban el derecho de votar por el gobernador y por los representantes de la legislatura. Pero desconfiando de los colonos que no eran puritanos, pronto se les negó el derecho a los que no pertenecían a su religión. Los puritanos, al parecer, querían libertad religiosa para ellos mismos, pero fueron intolerantes con los colonos que pensaban diferente que ellos.

El crecimiento de la población creó nuevos problemas. Los legisladores se vieron obligados a promover nuevas leyes para gobernar una sociedad más compleja. Se necesitaron leyes para determinar la distribución de terrenos, el financiamiento de la construcción de edificios públicos, caminos, muelles, prisiones, escuelas y nuevos poblados.

Los conflictos religiosos impulsaron más diversidad en la gobernación de las colonias. Roger Williams es un ejemplo del hombre que creía en sus principios. El no creía que el gobierno debería tener el poder sobre asuntos religiosos. Además, el predicaba que los colonos no tenían el derecho de ocupar la tierra de los indígenas hasta que les pagaran un precio justo. El y otros con las mismas creencias fundaron la colonia de Rhode Island en 1644.

La colonia de Maryland introdujo otro sistema legal. La colonia era la propiedad de una sola persona, George Calvert, Lord Baltimore. La mayoría de los colonos de Maryland eran católicos. Calvert viendo la posibilidad de rebelión de los protestantes, inició en 1649, el Acta de Tolerancia que garantizó la libertad religiosa, principalmente para los católicos.

EL DIA DE ACCION DE GRACIAS

Otro grupo que influyó en el desarrollo legislativo de la colonia fueron los cuáqueros. Bajo el liderazgo de William Penn los cuáqueros fundaron la colonia de Pennsylvania. Como Roger Williams, William Penn exigió que se les pagara a los indígenas por las tierras. Para los cuáqueros el auto gobierno era un punto esencial.

Aunque los colonos estimularon la democracia en las colonias americanas, el derecho del sufragio (voto) fue limitado. Solamente los hombre libres y dueños de propiedad podían votar. En la mente del hombre del siglo XVII no cabía la idea de otorgar el derecho al voto a mujeres o esclavos. Por lo tanto, el hombre del siglo XVII colonial no era muy diferente del hombre libre de otros países del mundo. El concepto de la democracia sí era una idea radical para ese siglo.

A pesar de estas limitaciones, la experiencia de la autonomía, libertad e independencia en la colonia fue la escuela de la democracia para aquellos que algún día harían hombres libres de los esclavos en el siglo XIX y darían el voto a las mujeres en el siglo XX.

Las trece colonias y sus gobiernos no se consideraron una unión política, es decir una nación. El lazo que los unía era el permiso de colonizar del rey de Inglaterra. El individualismo y espíritu libre e independiente que se desarrolló en las colonias mitigaron contra un sentido de nacionalismo. Las metas, tanto religiosas como políticas de cada colonia, no fomentaban la unidad. Los ciudadanos de cada colonia sentían lealtad a su propia colonia y no a un sentimiento de americanismo. Este sentimiento de regionalismo fue parte del problema durante el establecimiento del gobierno.

EL CONFLICTO DEL PODER

El conflicto entre la Madre Patria y las colonias llegó a un punto culminante después de la guerra Franco-Indígena contra los ingleses. Para pagar los gastos de la guerra Franco-Indígena, las autoridades inglesas, impusieron leyes e demandaron impuestos sin consultar con los colonos. Las autoridades deseosos de recaudar impuestos, impusieron el cateo (revisión de mercancías sin el permiso de los dueños) en las aduanas. El cateo era para controlar a los supuestos contrabandistas que evadían el pago de impuestos. El parlamento inglés decidió entonces interferir en los asuntos de las colonias sin darse cuenta de que a través de los años las legislaturas coloniales habían adquirido poder y autonomía.

La base del conflicto estaba en que los ingleses desconocían el sistema americano y el espíritu de autonomía de las colonias. Por falta de centralización y de un sistema de comunicaciones, las autoridades no entendían las actitudes de los colonos. Los ingleses, por otro lado, se sentían superiores a los colonos y creían que podían dominarlos por la fuerza. La creencia era que las colonias existían exclusivamente para el beneficio de la madre patria.

Los colonos celosos de sus derechos no iban a permitir tal ultraje, es decir, no iban a permitir que violaran sus derechos. Los colonos se rebelaron contra la corona. Era el primer desafío contra el poder absoluto del parlamento inglés sobre las colonias. Aunque no ganaron la demanda, los colonos se apoyaron en sus derechos como súbitos ingleses.

En el año 1763, el rey propuso La Proclamación (The Proclamation) prohibiendo la colonización del nuevo territorio al oeste de las 13 colonias. Los colonos resintieron la nueva ley y la desconformidad aumentó. El desacuerdo y la rebeldía de los colonos necesitaba solamente una chispa para estallar una protesta contra la Madre Patria.

Los puntos centrales del desacuerdo fueron los impuestos y la falta de representación política. Según los colonos, se necesitaba el consentimiento del pueblo para recaudar impuestos. Si no eran consultados no se sentían obligados a pagarlos.

Los colonos, por otro lado, se sentían súbitos y ciudadanos ingleses con todos los derechos garantizados por la ley inglesa. El Parlamento inglés ejercía la autoridad absoluta sobre las colonias sin necesidad de consultar con ellos. Cualquier ciudadano que se negaba a obedecer las leyes o se negaban a pagar los impuestos era considerado un traidor. El rey no creía necesario permitir representación de las colonias en el Parlamento de Inglaterra. Este desacuerdo filosófico se convirtió en un asunto serio y llegaría al rompimiento de relaciones entre las colonias y la madre patria.

El Parlamento inglés no hizo caso de las quejas de los colonos y siguió ejerciendo su política contra la voluntad de los colonos. Insistió en recaudar impuestos sin darles representación en el Parlamento. Las autoridades impusieron "El Acta del Timbre" (The Stamp Act). Cada documento impreso necesitaba un timbre, una estampilla. Esto incluía documentos legales, licencias, y periódicos. Según el Parlamento, la meta del impuesto era para costear los gastos de defensa, protección y asegurar el bienestar de las colonias. Los americanos protestaron contra el impuesto directo sin su consentimiento. En 1765, el patriota Patrick Henry, de la colonia de Virginia, vigorosamente protestó contra el impuesto injusto. Según el convenio y las resoluciones de la Cámara de Burgueses solamente las legislaturas coloniales tenían el poder de recaudar impuestos.

Un grupo de jóvenes americanos, acostumbrados a la autonomía local, declararon su protesta contra el Parlamento. Se unieron bajo el nombre de "Los Jóvenes de la Libertad" (The Liberty Boys). Acudieron a actos de desobediencia y vandalismo. La pandilla de jóvenes destruyeron edificios de las aduanas y quemaron timbres en los almacenes. Esta forma de resistencia recibió la aprobación de los colonos dando una salida a su indignación. Los ingleses se sorprendieron de la reacción violenta de los colonos.

La rebelión contra el Parlamento todavía no consistía en un movimiento de independencia. Solamente era la reafirmación de los derechos bajo la Carta De Derechos Ingleses. Los colonos sospechaban que el Parlamento conspiraba a negarles los derechos civiles y la libertad contra toda tradición política. El ciudadano siempre estaba atento a la posibilidad de la formación de un gobierno centralista y la posibilidad de una dictadura. Los colonos se consideraban iguales a los ciudadanos en Inglaterra. Mientras tanto los ingleses consideraban rudos campesinos a los colonos.

Mientras que los colonos se sentían capaces de autonomía, las autoridades inglesas los trataban como adolescentes sin ninguna madurez. Se les permitía protestar, pero a lo largo del tiempo tenían que obedecer como todo súbito leal.

Para afirmar el poder de la autoridad inglesa sobre los colonos, el parlamento instituyó "El Acta Declaratoria" (The Declaratory Act). El parlamento declaró que las colonias estaban bajo el poder directo del rey. Afirmaron que el Parlamento tenía el derecho de imponer cualquier ley que ellos consideraran necesaria para asegurar el dominio de la corona sobre las colonias. Los colonos rechazaron el acta por dos razones: primero, porque les negaba la representación y segundo, porque era anticonstitucional.

El principio del constitucionalismo era el punto de controversia entre Inglaterra y las colonias. Inglaterra no poseía una constitución escrita. Al contrario, la ley se basaba en tradiciones, costumbres, y acuerdos que se habían ejecutado por siglos en el sistema político. En América, al contrario, cada colonia poseía una constitución escrita. Los derechos y privilegios de los ciudadanos existían por escrito y limitaban el poder del gobierno. El conflicto era entre la soberanía de las legislaturas coloniales y la soberanía del Parlamento. Los temas del constitucionalismo y la soberanía serían un problema no sólo en la interpretación del poder, sino también en la ejecución de leyes e impuestos.

Durante los siguientes años, los ingleses continuaron ignorando las opiniones de los colonos y continuaron recaudando impuestos. Los colonos empezaron a dudar de las buenas intenciones del Parlamento. En 1768 la legislatura de Massachusetts publicó "La Carta Circular" (The Circular Letter) y la envió a las otras colonias. La intención era de expresar la oposición a la autoridad absoluta del Parlamento. Los colonos estaban de acuerdo de que el Parlamento tuviera ciertos poderes pero en cuestiones de impuestos, insistían en el punto de representación y consulta antes de pagarlos. El Parlamento no quiso negociar este punto y disolvió (deshizo) la legislatura de Massachusetts.

Los colonos se indignaron y protestaron contra la presencia de dos regimientos ingleses, "los sacos rojos" (Redcoats) en la ciudad de Boston. Una tragedia ocurrió en marzo, 1770. Unos soldados dispararon contra la muchedumbre matando a cinco ciudadanos. El pueblo protestó enérgicamente contra la Masacre de Boston (Boston Massacre). Al ver el peligro de un levantamiento, el Parlamento recapacitó rápidamente y canceló los impuestos. Por un tiempo, el clima político se calmó.

Los problemas entre el Parlamento y las colonias aumentaron en 1773. El Parlamento decidió otorgar el monopolio del comercio a la "Compañía Este de la India" (The East India Company) con la condición de que podía añadir un impuesto a la venta del té. Bajo protesta, los colonos negaron descargar el té de los barcos de la compañía en los puertos de Nueva York y Filadelfia. Ordenaron que se regresara todo el cargamento a Inglaterra.

En Boston, el caso fue muy diferente. Los ciudadanos estaban determinados a no dejar descargar el té. El gobernador exigió que se llevara a cabo la orden de cobrar inmediatamente el impuesto. En un acto de desobediencia civil, un grupo de colonos disfrazados de indígenas, abordaron el buque y arrojaron el té a la bahía. El pueblo jubilosamente animó a la pequeña banda de rebeldes. La protesta se convirtió en una alegre celebración, conocida como el "Boston Tea Party."

Los ingleses se pusieron furiosos contra el comportamiento de los colonos. Era preciso imponer un castigo ejemplar y disciplinar a los colonos culpables por el acto de desobediencia. Durante la primavera de 1774, el Parlamento dictó "Las Actas Coercivas" (Coercive Acts). El gobierno cerró el puerto de Boston hasta que el pueblo pagara la destrucción del cargamento de té. Este acto de castigar a la población

EL ACTA DEL TIMBRE

entera por la culpa de unos cuantos individuos iba contra toda tradición y principios de la justicia inglesa.

En protesta, los colonos le cambiaron el nombre a las leyes represivas nombrándolas "Las Actas Intolerables" (The Intolerable Acts). Los colonos no querían empezar una rebelión, solamente querían limitar el poder absoluto del Parlamento. Los colonos todavía se consideraban súbitos leales de la corona y protegidos bajo la Carta de Derechos inglesa.

Sin quererlo, el Parlamento estaba uniendo a las diferentes colonias dispersas. La función de "Las Actas Intolerables" fue la de unificar las colonias contra un enemigo común.

Para tratar los asuntos coloniales que tenían en común, representantes de las colonias se reunieron en el Primer Congreso Continental en septiembre, 1774. El propósito del Congreso fue la de llegar a un acuerdo sobre las Actas Intolerables y discutir el cierre del Puerto de Boston. El Congreso necesitaba definir la posición de las colonias contra el poder autocrático (absoluto) del Parlamento. El Congreso demandó representación en los asuntos relacionados con los impuestos. También reafirmaron el principio de que sin el consentimiento de los gobernados no pagarían impuestos.

EJERCICIOS:
SECCION A:

CONTESTE LO SIGUIENTE:

1. ¿Que compañías patrocinaron las colonias?

2. ¿Cómo era la forma de gobierno de las colonias?

3. ¿Qué tipo de problemas resultan cuando la mayoría ejerce el poder? ¿Cómo se protegen los derechos de la minoría?

4. ¿Cómo eran los puritanos? ¿Qué parte jugaron en la formación del país?

5. ¿Qué fue la ética que ayudó a formar el carácter americano?

6. ¿Describe las diferencias entre las colonias?

7. ¿Qué fueron las fallas del gobierno inglés en supervisar las colonias?

8. El impuesto sobre compras fue clave en el desarrollo de la nación, describe los eventos que llevó a los colonos a sublevarse.

9. ¿Por qué rehusaron los colonos el Acta Declaratoria?

10. ¿Qué fue la meta del Primer Congreso Constitucional?

LA MASACRE DE BOSTON

SECCION B:
COMPLETE LAS SIGUIENTES FRASES:

1. Jamestown se estableció en el presente estado de _____ en el año de _____.

2. La democracia se basa en la voluntad de _____

3. El primer cuerpo de representantes de la colonia se conoció como _____.

4. La carta constitucional de Plymouth se conoció como _____

5. La filosofía de _____ formó la base de la resistencia hacia inglaterra.

6. _____ y _____ insistieron que se le pagara a los indígenas por los terrenos que se les quitaba.

7. La colonia católica era _____

8. En el año _____ inglaterra prohibió la colonización de nuevos territorios.

9. Los colonos se negaron a pagar impuestos porque no tenían _____.

10. El impuesto sobre cartas y documentos impresos se llamó _____.

11. El grupo de jóvenes coloniales rebeldes se llamó _____.

12. La ley que castigó a los ciudadanos de Boston se conoció como _____ o _____.

CAPITULO TRES
DECLARACION DE LA INDEPENDENCIA

INFORMACION QUE EL ALUMNO DEBE CONOCER:

1. Identificar la fecha de la Declaración de la Independencia.

2. Identificar el padre intelectual de la Declaración de la Independencia.

3. Poder explicar la frase de que todos los hombres son creados iguales.

4. Comprender lo que es un "derecho innato."

5. Saber el nombre del lugar donde se reunió el Segundo Congreso Continental.

6. Poder explicar 5 quejas contra el Rey de Inglaterra.

7. Poder justificar la drástica acción de separarse formalmente de Inglaterra.

8. Poder entender el razonamiento de Thomas Jefferson.

DECLARACION DE LA INDEPENDENCIA

La discusión de romper con Inglaterra o seguir como colonia bajo la corona inglesa llegó a su punto culminante después de muchos esfuerzos por mantener buenas relaciones con la madre patria. La controversia dividió la lealtad de los colonos. Sin embargo, los representantes al Segundo Congreso Continental (1766) fueron convencidos de declarar la independencia por los argumentos de patriotas tales como Thomas Paine, Benjamín Franklin, Thomas Jefferson, y Patrick Henry. Los delegados solicitaron a Thomas Jefferson, licenciado en derecho y terrateniente de Virginia, que redactara la Declaración de Independencia.

Las ideas de Thomas Jefferson formaron la base del nuevo gobierno. Uno de los puntos principales fue la certeza de que Todos los hombres son creados iguales. Basaron los constituyentes el derecho de cada persona a ser libre en dos principios básicos: (1) Toda persona tiene derechos innatos, es decir, derechos que recibe al nacer, que son la vida, libertad y la búsqueda de la felicidad; (2) El gobierno existe solamente con el consentimiento del pueblo y, si el gobierno se torna contra al pueblo, éste tiene el derecho de derrotarlo (deshacerlo) y formar uno nuevo.

Jefferson presentó el borrador de la Declaración de la Independencia a los constituyentes. Benjamín Franklin y John Adams añadieron al documento sus opiniones. El documento corregido e impreso se presentó para la firma y aprobación de los delegados. John Hancock fue el primero en firmar su nombre y lo escribió con letras grandes para que el rey no tuviera que usar anteojos para leer su nombre.

En este texto hemos creído conveniente hacer una traducción libre de la Declaración de la Independencia por ser un documento de mucho valor histórico. Favor de notar que se han respetado las palabras que Thomas Jefferson uso en letras mayúsculas en el documento. Las letras mayúsculas en el documento parecerán un poco extrañas, pero se ha respetado la costumbre de escribir de la época para darle una idea al estudiante de las palabras que Jefferson consideró importantes de subrayar. Es importante que el documento original se lea completamente para comprender las razones del rompimiento
con Inglaterra.

Los ingleses ni se imaginaban la drástica acción que los colonos iban a tomar si no accedían a sus demandas justificadas. Los ingleses creían que las colonias existían, como propiedad, exclusivamente para el beneficio de la Gran Bretaña. La respuesta del Parlamento era la de tratar con mano fuerte a los rebeldes del Puerto de Boston. La inconformidad de los colonos era mucho más profunda.

El documento que se escribió fue sencillo y directo. Las quejas son fácil de entender y la conclusión no dejó lugar a duda del deseo de independizarse. La Declaración de la Independencia Americana ha sido el modelo para todos los países colonizados del mundo.

LA DECLARACIÓN DE LA INDEPENDENCIA
DE LOS ESTADOS UNIDOS

En el Congreso, 4 de julio de 1776. La unánime Declaración de los trece Estados Unidos de América,

Cuando en el curso de los eventos humanos llega a ser necesario deshacer los lazos políticos de un pueblo que los une a otro, y asumir entre los poderes de la tierra, un estado separado y de igualdad en que las Leyes de la Naturaleza y el Dios de la Naturaleza les otorga, el respeto decente a las opiniones de los seres humanos requiere que deberían declarar las causas que los mueven a la separación.--

Sostenemos que estas verdades son auto-evidentes, que todos los hombres son creados con igualdad, que su Creador les ha dotado de ciertos derechos innatos, que entre ellos están la vida, la libertad, y la búsqueda de la felicidad.--

Que para asegurar estos derechos, los Gobiernos son instituidos entre los Hombres, derivando los poderes justos por el consentimiento de los gobernados.--

Que cuando cualquier Forma de Gobierno se convierte en destructivo de estos fines, es el Derecho del Pueblo alterar o abolir e instituir un nuevo Gobierno, sentando su base en tales principios y organizando los poderes de tal forma, para que les parezca a ellos más posible efectuar su Seguridad y Felicidad. Prudencia, de hecho, dictará que los Gobiernos largamente establecidos no deberían cambiarse por causas ligeras y transitorias; y por lo tanto, toda experiencia demuestra que la humanidad está más dispueste a sufrir, mientras los males sean aguantables, que corregirlos aboliendo las formas a las cuales están acostumbrados. Pero cuando una larga lista de abusos y usurpaciones, persiguen invariablemente estos mismos objetivos y demuestran un diseño a reducirlos bajo un Despotismo absoluto, es su derecho, es su deber, derrocar tal Gobierno, y proveer nuevas medidas para la seguridad futura.--
Tal ha sido el sufrimiento paciente de estas Colonias; y tal es la necesidad ahora que los constriñen a alterar sus antiguas formas de Gobierno. La historia del presente Rey de la Gran Bretaña es una historia de repetidos daños y usurpaciones, todas con el objetivo directo de establecer una Tiranía absoluta sobre estos estados. Para probar esto, sean sometidos los hechos a un mundo cándido.--

Ha rehusado su Aprobación a las Leyes, las más sanas y necesarias para el bien público.--

EL SALON DE LA INDEPENDENCIA

Ha prohibido a sus gobernadores aprobar Leyes de importancia apremiante inmediata, a menos que se suspendan sus operaciones hasta que su consentimiento sea obtenido; y bajo tal suspensión, él ha sido totalmente negligente en su atención a ellas..--

Ha rehusado aprobar otras Leyes para el acomodo de grandes distritos de gente, amenos de que estas gentes abandonen el derecho de Representación en la Legislatura, un derecho estimado por ellos y formidable a los tiranos solamente.--

Ha convocado cuerpos legislativos en lugares raros, incómodos y distantes de los depósitos de Archivos públicos, con el sólo propósito de fatigarlos en el cumplimiento a sus medidas.--

Ha disuelto Casas de Representantes repetidas veces, por oponerse varonilmente y con firmeza a las invasiones de los derechos civiles del pueblo.--

Ha rehusado por mucho tiempo, después de dichas disoluciones, causar que otros sean electos; rindiendo los poderes Legislativos incapaces de Aniquilacíon, han regresado al Pueblo para su ejercicio; mientras tanto el Estado permanece expuesto a todos los peligros de invasión extranjera y trastornos internos.- Se ha empeñado en prevenir a la población de estos Estados con el pretexto de obstruir las Leyes de Naturalización a Extranjeros; rehusando aprobar a otros para animar su inmigración aquí, y aumentando las condiciones de la Apropiación de Terrenos nuevos.--

Ha obstruido la Administración de Justicia, rehusando su Aprobación de Leyes para establecer los poderes Judiciales.--

Ha hecho que los Jueces dependan solamente de su Voluntad, para la permanencia de sus posiciones y por la cantidad y pago de sus salarios.--

Ha creado una multitud de Nuevas Oficinas y ha mandado aquí enjambres de Oficiales para atormentar (molestar) nuestra gente y consumir (comer) su sustancia (comida).--

Ha mantenido dentro de nosotros en tiempos de paz, Tropas Militares en pie sin el consentimiento de nuestras legislaturas.--

Ha causado que el Ejército sea superior e independiente de las autoridades Civiles.--

Ha conspirado con otros para someternos a una jurisdicción foránea a nuestra constitución y desconocida por nuestras leyes, dando su Aprobación a estas Leyes de dudosa Legislación:--

Por el acuartelamiento de enormes tropas armadas dentro de nosotros:--

Protegiéndolos de cualquier asesinato cometido contra nuestros habitantes de estos Estados a través de Juicios de burla para evadir el castigo:--

Por cerrar nuestro Comercio con otras partes del mundo:--

Por levantar Impuestos sin nuestro Consentimiento:--

Por privarnos en muchos casos de los beneficios de un Juicio con Jurado:--

Por transportarnos más allá de los mares para ser juzgados por ofensas falsas:--

Por abolir el Sistema libre de Leyes Inglesas en una Provincia vecina, estableciendo allí un gobierno Arbitrario, aumentando sus fronteras para hacer un ejemplo e instrumento inmediato para introducir las mismas reglas absolutas en estas Colonias:--

Por quitarnos nuestras Cartas Constitucionales, abrogando nuestras más valiosas Leyes y cambiando fundamentalmente las Formas de nuestros Gobiernos:--

Por suspender nuestras legislaturas y declararse ellos mismos investidos con el poder legislativo por nosotros en todos los casos.--

El ha abdicado el Gobierno aquí, declarándonos fuera de su Protección y haciendo guerra contra nosotros.--

Ha robado nuestros mares, saqueado nuestras costas, quemado nuestros pueblos y destruido la vida de nuestra gente.--

Presentemente está transportando grandes Ejércitos de Mercenarios extranjeros para completar el trabajo de muerte, desolación y tiranía, ya empezado bajo las circunstancias de Crueldad y engaño sin paralelo en las épocas más bárbaras y totalmente indigno de un Encabezado de una nación civilizada.--

Ha detenido y Capturado a nuestros Conciudadanos en alta Mar para emprender las armas contra su País para convertirse en verdugos de sus amigos y parientes o el de morir por sus propias manos.--

Ha incitado insurrecciones domésticas entre nosotros y ha tratado de atacarnos con nuestros habitantes de la frontera, los Salvajes Indios, sin piedad, cuya regla de guerra es la de no distinguir la destrucción entre las edades, sexos y condiciones.

En todas las etapas de estas Opresiones, Hemos Pedido Justicia en los términos mas humildes; Nuestras repetidas peticiones han sido contestadas con repetidos daños. Un Príncipe, cuyo carácter está marcado con cada acto que puede ser definido un Tirano, no está capacitado para gobernar un pueblo libre.

Ni tampoco hemos faltado en llamarles la atención a nuestros Hermanos Británicos. Les hemos advertido una y otra vez de los intentos de su legislatura de extender su jurisdicción injustificada sobre nosotros. Les hemos recordado de la circunstancia de nuestra inmigración y colonización aquí. Hemos apelado a su magnanimidad y justicia nativa, y les hemos suplicado en nombre de los lazos que nos unen de parentesco común para que repudien (desconozcan) estas usurpaciones que inevitablemente interrumpen nuestras conexiones y correspondencia. Ellos también se han hecho sordos a la voz de justicia y de la misma sangre. Debemos, por lo tanto, consentir en la necesidad que denuncia nuestra Separación, sostenemos, como sostenemos al resto de la humanidad, Enemigos en Guerra, en la Paz, Amigos.--

Nosotros, por lo tanto, Representantes de los estados unidos de América, en Congreso General, en Asamblea, apelamos al Juez Supremo del Universo por la rectitud de nuestras intenciones, lo hacemos, y con la Autoridad de la buena Gente de estas colonias, solemnemente publicamos y declaramos que Estas Colonias Unidas son y con Derecho deberían de ser Libres y Estados Independientes; de que se les absuelva de todas las lealtades (fidelidades) a la Corona Británica, y que todas las conexiones políticas entre ellos y el Estado de la Gran Bretaña, son y deberían de ser totalmente disueltos; y como Estados Libres Independientes tienen el Poder completo de declarar Guerra, concluir la Paz, Contraer Alianzas, establecer Comercio, y hacer todos los Actos y Cosas que Estados independientes en su derecho pueden hacer. --

Y con el apoyo a esta Declaración, con la firme confianza en la protección de la Divina Providencia, unidos empeñamos el uno al otro nuestras vidas, nuestras fortunas y nuestro sagrado honor.

John Hancock

New Hampshire
    Josiah Bartlett   *Geo. Clymer*
    Jas. Smith   *Wm. Whipple*
    Mathew Thorton   *Geo. Taylor*
    James Wilson   *Geo. Ross*

Massachestts Bay   *Delaware*
    Saml. Adams   *Caesar Rodney*

    John Adams   Geo. Read
    Robt. Threat Paine   Tho. M'Kean
    Eldridge Gerry

Rhode Island   Maryland
    Step. Hopkins   Samuel Chase
    William Ellery   Wm. Paca
    Thos. Stone
    Charles Carrol of Corrollton

Connecticut   Virginia
    Roger Sherman   George Wythe
    Sam'el Huntington   Richard Henry Lee
    Wm. Williams   Th. Jefferson
    Oliver Wolcott   Benja. Harrison

New York   Thos. Nelson, Jr.
    Wm. Floyd   Francis Lightfoot Lee
    Phil. Livingston   Carter Braxton
    Frans. Lewis
    Lewis Morris

                                 North Carolina
                                 Wm. Hooper
New Jersey   Joseph Hewes
    Richd. Stockton   John Penn
    Jno. Witherspoon
    Fras. Hopkinson   South Carolina
    John Hart   Edward Rutledge
    Abra. Clark   Thos. Heyward, Junr.
                                 Thomas Lynch, Junr.
Pennyslvania   Arthur Middleton
    Robt. Morris   Georgia
    Benjamín Rush   Button Gwinnett
    Benja. Franklin   Lyman Hall
    John Morton   Geo. Walton

Los constituyentes tuvieron la buena fortuna de escoger a Thomas Jefferson, uno de los mejores escritores de la Colonia. Jefferson trató de explicar al resto del mundo el paso difícil que las colonias habían decidido tomar. La decisión fue meditada, concisa y clara. Antes que todo, deseaban aclarar su posición de una manera muy cortés: «el respeto decente a las opiniones de los seres humanos requiere que deberían declarar las causas que los mueven a la separación.--»

La Declaración de la Independencia fue aprobada el 4 de julio de 1776. Cada año los estadounidenses celebran esta fecha conmemorando el nacimiento de la patria. La Guerra de la Independencia duró siete largos años, desde 1776 hasta 1783. Los insurgentes pelearon con valentía y honor. Lucharon por la libertad.

EJERCICIOS

CONTESTE LO SIGUIENTE:

1. ¿En qué ciudad se reunió el Segundo Congreso Continental?

2. Mencione 5 de las quejas que Thomas Jefferson escribió en la Declaración de la Independencia.

3. Mencione los dos puntos principales que formaron la base del nuevo gobierno.

4. ¿Crees que los delegados al Segundo Congreso Continental tuvieron razón en romper los lazos políticos con Inglaterra?

5. Si tu hubieras sido el Rey de Inglaterra, ¿hubieras reaccionado diferente? ¿Por qué?

6. ¿Crees que habían suficientes razones para idependizarse de Inglaterra?

7. ¿Qué riesgo tomaron los delegados al firmar sus nombres al documento?

8. ¿Hubieras tú tomado el riesgo de echarte el poder de la Corona encima al oponerte a sus acciones?

9. ¿Vale la pena luchar por la libertad?

10. ¿No sería más bonito tener una monarquía con reyes y princesas en vez de una democracia? ¿Por qué?

CAPITULO CUATRO
FORMANDO UNA NACION

INFORMACION QUE EL ALUMNO DEBE CONOCER:

1. Identificar la fecha y los debates del Primer Congreso Continental.

2. Explicar la importancia de la destrucción del cargamento de té y la reacción de la Corona Inglesa.

3. Comprender lo que significa pagar impuestos sin representación.

4. Identificar la obra de George Washington.

5. Identificar las metas del Segundo Congreso Continental.

6. Identificar las palabras famosas de Patrick Henry.

7. Identificar a Thomas Paine y el "Sentido Común".

8. Hablar del nuevo sentido de patria.

9. Explicar un monopolio.

FORMANDO UNA NACION

EL PRIMER CONGRESO CONTINENTAL (1774)

La reacción de las colonias al castigo administrado a la Colonia de Massachusetts por haber consentido a la destrucción del cargamento de té (Boston Tea Party), y específicamente por el cierre del Puerto de Boston, fue totalmente inesperada. El Parlamento Inglés con la aprobación del Rey de Inglaterra hicieron la decisión de ayudar a la "East India Company" con sus problemas económicos. Con el fin de compensar a la compañía y a sus inversionistas con los gastos asociados con la colonización de América, el Parlamento autorizó "El Acta del Té." Este impuesto ayudaría a la compañía a prosperar. En efecto, esta decisión dio a la compañía la exclusividad de monopolizar la venta de té a las colonias. Según los colonos, el Parlamento no tenía el derecho de recaudar impuestos sin la representación de los gobiernos coloniales.

Las colonias pensaron que este impuesto crearía un monopolio y sentaría un mal precedente. La estrategia de los colonos era que si permitían que la compañía monopolizara el té, el Parlamento podría en el futuro dar otra concesión de otros productos a otras compañías favoritas del rey. Los comerciantes americanos estaban haciendo un buen negocio con los comerciantes de otros países. Si se establecía un monopolio ya no podrían comerciar con ciertos productos.

Los ingleses querían dar una lección duradera y ejemplar a la colonia de Massachusetts. Para hacer un ejemplo de ellos, el Parlamento instituyó "las Actas Coercivas." Del punto de vista del Parlamento, ellos querían castigar la colonia por rebeldes. Primero, se les exigió pagar por el cargamento de té que habían echado a la bahía. Segundo, los soldados ingleses acusados de un delito serían sometidos a juicio fuera de Massachusetts si se creía que no podrían obtener justicia en la colonia. Tercero, el gobernador quitaría del poder a todos los oficiales electos de la colonia y el rey haría los nombramientos sin efectuar elecciones. Otro punto de irritación era el acuartelamiento de soldados en casas privadas sin compensación y consentimiento de los dueños.

Las colonias veían la controversia de una manera distinta. Si los ingleses justificaban los actos represivos (represalias) como "actos de coerción," los americanos veían estas mismas medidas como "actos intolerables." El uso de estas dos palabras demuestra la profundidad del problema entre Inglaterra y los americanos. Los ingleses querían someter a los Bostonianos por la fuerza, mientras que los colonos veían estas medidas como algo que no podían tolerar.

Bajo estas amenazas, los colonos de Massachusetts formaron el "Comité de Correspondencia" (Committee of Correspondence) para informar a las otras colonias de los serios acontecimientos que se estaban desarrollando en Massachusetts. El Comité también hizo una invitación a los líderes de las otras colonias a una reunión cumbre para discutir estos problemas. Las acciones intolerables de la corona inglesa contra el Puerto de Boston impulsaron a los colonos a la acción. Hacia este fin convocaron una reunión en Filadelfia conocida como el Primer Congreso Continental. Este congreso se llevó a cabo desde el 5 de septiembre hasta el 26 de octubre, 1774.

Durante estas deliberaciones, el Congreso tomó una posición moderada esperando llegar a un acuerdo amistoso. En el comunicado que se le

GEORGE WASHINGTON

envió al rey, se le pedía cortésmente su intervención en la resolución de la controversia. El Congreso condenó las leyes Intolerables y afirmó su apoyo a los ciudadanos de Boston. El Congreso aprobó una resolución solicitando la revocación de todas las leyes inglesas que pretendían recaudar impuestos en América. Afirmaron que solamente las asambleas coloniales podían recaudar impuestos en América. Los delegados denunciaron la práctica de mantener un ejército inglés en suelo americano en tiempos de paz. El Congreso estableció una "Asociación Continental" (Continental Association) para vigilar la protesta (boicot) de no comprar productos de inglaterra. Concluyeron el comunicado con una advertencia. Los delegados deseaban por ahora resolver el problema pacíficamente. Los delegados determinaron reunirse una segunda vez para ver si sus demandas habían sido cumplidas.

Los ingleses, mientras tanto, decidieron poner sitio al Puerto de Boston bajo el mando del General Gage. La intención era la de someter por la fuerza a la colonia de Massachusetts. Solamente en el Puerto de Boston pudieron los "Sacos Rojos" establecer un campamento armado. Fuera del Puerto de Boston los ingleses no podían reforzar las leyes, por lo tanto, comités de patriotas asumieron la responsabilidad que antes pertenecía a la legislatura. El Parlamento declaró que Massachusetts estaba en estado de rebelión. Decidió enviar más tropas a Boston para arrestar y poner en prisión a los líderes radicales. Las ciudades de Lexington y Concord para siempre quedarán grabadas en la historia porque los patriotas iniciaron la resistencia aquí con el grito de Paul Revere alertando a los líderes John Adams y John Hancock de su posible arresto. Con el ataque de los "sacos rojos" a las fuerzas patrióticas de Lexington y Concord, la Guerra de la Independencia Americana estalló.

La repuesta de Inglaterra a la petición pacífica del Primer Congreso Continental fue el envío de tropas de refuerzo para atacar y someter por la fuerza al Puerto de Boston y castigar la colonia de Massachusetts. Frente a esta negativa, a los delegados no les quedó otra salida más que convocar de nuevo al Segundo Congreso Continental.

EL SEGUNDO CONGRESO CONTINENTAL (1775)

Los problemas políticos sin resolver obligaron a los colonos a tomar medidas drásticas. En 1775 se convocó el Segundo Congreso Continental (The Second Continental Congress) y se auto declaró el gobierno legítimo de las trece colonias. Reconocieron al ejército de las colonias de Boston como el ejército americano. Sin debate alguno, nombraron a Jorge Washington el primer comandante de las fuerzas armadas. Finalmente, dieron permiso de imprimir moneda colonial descartando la moneda inglesa. Ya como gobierno oficial y constitucional, declararon la guerra.

Por primera vez los delegados se denominaron formalmente americanos y se unieron a luchar por sus principios. Entre los delegados se encontraban dos hombres ilustres: Jorge Washington y Patrick Henry. En un discurso apasionado Patrick Henry denunció la tiranía inglesa, y expresó los sentimientos patrióticas de los nuevos americanos.

"¿Por qué estamos aquí parados inactivos? ¿Qué es lo que vuestras señorías desean? ¿Qué es lo que quieren que se haga? ¿Es la vida tan estimada o la paz tan dulce que se puede comprar al precio de cadenas o esclavitud? ¡Qué no lo permita Dios todo poderoso! No se que curso tomaran los otros, pero a mí, denme libertad o denme muerte."

Su pasión conmovió a los delegados. Los americanos decidieron levantar las armas contra las fuerzas inglesas. La guerra por la independencia comenzó. Era muy tarde para marchar hacia atrás.

Los delegados del nuevo gobierno reconocieron la necesidad de consolidar los sentimientos del pueblo. No todos estaban de acuerdo de independizarse de la Madre Patria. Muchos querían continuar bajo una autonomía limitada, esperando que Inglaterra fuera más flexible con los asuntos coloniales. Sin embargo, el conflicto armado en Massachusetts les ayudó a identificarse bajo un solo gobierno. Afortunadamente, Thomas Paine empezó a poner sus ideas y teorías políticas por escrito avanzando la causa americana.

LAS IDEAS DE THOMAS PAINE

Thomas Paine (1737-1809), nació en Inglaterra y emigró a América a la edad de 37 años en 1774. A Paine se le reconoce escritor americano por el folleto que escribió, "Sentido Común" (Common Sense) en enero, 1776. Sus ideas ayudaron a precipitar (apurar) la Declaración de la Independencia. También se le reconoce por una serie de folletos que escribió, "La Crisis Americana," que dio ánimo a los patriotas durante la revolución. Sus ideas de independencia captaron la imaginación de los colonos. Sus escritos gozaron de mucha popularidad en todas las colonias por el estilo práctico de decir las cosas.

Sus folletos despertaron la conciencia de independencia en los colonos. En sus escritos apelaba al sentido común del individuo. Al dirigirse a la persona común, hacía alusión a la tradición legal inglesa que había limitado el poder de los reyes desde la Carta Magna. El lector tenía que deducir que aún se podía limitar el poder del rey y del Parlamento. En caso de que esto no fuera posible, podría declararse país independiente. Sus ideas radicales llegaron a proponer que si los gobernados no estaban conformes con su gobierno tenían el deber de cambiarlo. Con una visión extraordinaria predijo que la causa de América iba a ser la causa de toda la humanidad. Es decir, que la experiencia de América iba a afectar a toda la humanidad. Creía que el deber del gobierno era el de respetar los derechos de los ciudadanos. Sin embargo, reconocía que aún el mejor de los gobiernos era un mal necesario.

El patriota Paine habló de seres humanos que se sentían motivados a unirse para sobrevivir. Reconoció que el hombre podía existir aisladamente y ser auto-suficiente. Pero también admitió que el hombre como ser social siempre busca a sus semejantes para sobrevivir. Partiendo de la experiencia más cercana a sus lectores que también tenían la experiencia de ser pioneros en tierra extraña como él, empezó a formular las ideas de un nuevo gobierno.

Para captar una idea clara y justa del diseño y meta de un gobierno, invitó a sus lectores a que pensaran sobre un número pequeño de personas que se establecieron en una parte solitaria de la tierra, aislados de todos. Paine decía que éstos representaban los primeros pobladores de cualquier país, o del mundo. En este estado de libertad natural, la sociedad era su primer pensamiento. Mil motivos los estimulaban a formar una sociedad. En contraste, la fuerza de un hombre solitario era tan desigual, que sus deseos y su mente eran tan inadecuados para vivir en soledad para siempre. Pronto se sentiría obligado a buscar auxilio y socorro de otros, quienes a la vez necesitaban de lo mismo. Cuatro o cinco hombres unidos podrían construir una vivienda tolerable en medio de la selva, pero un hombre sólo podría trabajar toda una vida sin realizar nada. Así la necesidad, como poder seductivo, pronto formaría a los inmigrantes recién llegados a una sociedad extraña. En este estado ideal, las cortesías que se muestran los unos a los otros, harían innecesarias las obligaciones de la ley y de un gobierno. Pero al llegar los desacuerdos y conflictos se comprobaría la necesidad de establecer una forma de gobierno para suplementar el defecto de la virtud moral.

Los colonos todavía no se sentían ciudadanos de una república o una federación. Desde el principio existían rivalidades y conflictos de ideas y religión entre los miembros de las trece colonias. Cada colonia protegía su autonomía con recelo. El gran experimento americano había creado el espíritu de individualismo en el carácter de los nuevo americanos. Al principio las colonias eran pequeñas aldeas con individuos que compartían los mismos valores y creencias. Como se conocían y participaban de las mismas costumbres, no había la necesidad de formalizar gobiernos. Cada colonia establecía la sociedad según sus creencias religiosas o ideas políticas. Rechazaban cualquier intento de imponer un gobierno centralizado. Habían probado la libertad y la participación en un gobierno pequeño. ¿Cómo unir estos grupos tan diversos e independientes y formar un gobierno?

Thomas Paine sugirió una república como forma de gobierno. El concepto de república era desconocido a los colonos porque nadie tenía experiencia con esa forma de gobierno. Era como salir a mar abierto sin brújula ni mapa. En una república el pueblo mismo escoge a sus representantes por medio de elecciones. Para evitar abusos deberían haber elecciones frecuentes. En esto depende la fuerza del gobierno y la felicidad de los gobernados. Entre más semejanza tenga cualquier gobierno a una república menos se necesita un rey.

EL SENTIDO DE AISLAMIENTO

Uno de los riesgos que las 13 colonias tenían que enfrentar si rompían los lazos que los unía a la madre patria era la de exponerse al peligro de una invasión por los enemigos de Inglaterra. Por un lado, el Parlamento recaudó impuestos para pagar los gastos asociados con la guerra con Francia. Las colonias se negaron a pagar porque ellos no habían declarado la guerra ni se les había consultado. Era imposible que las colonias se mantuvieran libres de los viejos rencores y hostilidades de los antiguos enemigos europeos mientras seguían bajo el dominio del rey de Inglaterra.

Por otra parte el desarrollo político de las 13 colonias constituían en realidad una nueva nación. Los habitantes coloniales representaban a muchos países europeos y no todos venían de Inglaterra. Diferentes países europeos habían colonizado las costas atlánticas americanas. No todos se sentían unidos a la Gran Bretaña.

En realidad, según Paine, ni una tercera parte de los habitantes de las colonias eran de descendencia inglesa. Paine reprobó la frase de padre o madre patria aplicada solamente a Inglaterra. Para ridiculizar la relación entre las 13 colonias e Inglaterra, declaró absurdo que una isla tan pequeña fuera madre y señora de todo un continente inmenso. Pero hay algo muy absurdo, decía Paine, suponer que un continente sería perpetuamente gobernado por una isla. Con un sentido común muy radical para esa época, Paine explicaba que en los gobiernos absolutos el rey es la ley. Pero en los países libres la ley debería ser rey. Pedía que las colonias se basaran en la ley y no en la monarquía. Sostenía que el único gobierno aceptable al ser humano era la democracia.

EJERCICIOS:
SECCION A:

CONTESTE LO SIGUIENTE:

1. ¿Cuáles fueron la diferencias entre el Parlamento y los colonos?

2. ¿Cuáles fueron las metas del Segundo Congreso

3. ¿Por qué los ciudadanos forman gobiernos?

4. ¿Es posible que una isla pequeña gobierne un país grande?

5. ¿Qué quiere decir la expresión, «carácter individualista»?

SECCION B:

1. Los colonos cambiaron el nombre de las Actas Coercivas a _____.

2. Los colonos se negaban pagar impuestos porque no tenían _____.

3. Para estar al tanto de los acontecimientos, los colonos formaron en grupo llamado_____.

CAPITULO CINCO
ACUERDOS Y DESACUERDOS

INFORMACION QUE EL ALUMNO DEBE CONOCER:

1. Poder explicar el problema de los Artículos de la Confederación.

2. Identificar el propósito de la Nueva Constitución.

3. Comprender la importancia de las cartas de algunos de los fundadores y la Nueva Constitución.

4. Hablar de la importancia de los Papeles Federalistas.

5. Explicar el Gran Acuerdo y la Representación Equilibrada.

6. El acuerdo de las Tres Quintas Partes y la esclavitud.

7. Explicar el acuerdo sobre los impuestos.

8. Hablar de la importancia de la Carta de Derechos.

9. Entender la importancia de una república.

10. Identificar los peligros del nuevo país.

CAPITULO CINCO
ACUERDOS Y DESACUERDOS

LOS ARTICULOS DE LA CONFEDERACION

Después de la Guerra de la Independencia, el gran reto para las colonias independientes era establecer un gobierno aceptable a todos. Sin rey, ahora como les advirtió Tomás Paine, la ley tenía que ser rey. Los colonos todavía no estaban preparados para aceptar un gobierno centralizado. Como navegantes en aguas políticas no antes exploradas, las colonias no querían imponerse un gobierno que les fuera a negar los derechos que habían ganado con tanto esfuerzo. Los Artículos de la Confederación redactados antes de la Guerra Revolucionaria protegían los intereses de los estados pero no otorgaban suficiente autoridad y poder a una autoridad central. Habría que caminar con cautela (cuidado).

Las colonias tenían que solucionar otros problemas. ¿Quién iba a recaudar los impuestos? ¿Quién tenía el poder de acuñar e imprimir moneda? Debido al hecho de que ya no podían continuar usando la moneda inglesa, cada colonia imprimía su propia moneda, destruyendo así cualquier forma de comercio entre las colonias.

Los Artículos de la Confederación habían establecido un proceso para aprobar leyes. Para aprobar cualquier ley, dos terceras partes de la asamblea tenía que concordar. Es decir, nueve de las trece colonias tenían que estar de acuerdo. Para enmendar los Artículos de la Confederación tenían que llegar a un acuerdo unánime, es decir, las trece colonias tenían que estar a favor del cambio.

Como había de esperarse, surgieron problemas nacionales e internacionales. No existía un sistema uniforme de justicia para solucionar las disputas entre las colonias. No existían leyes ni recursos para la defensa de la confederación. El nuevo congreso tenía que proteger el país, pero no tenía el poder de recaudar impuestos ni reclutar un ejército. Tampoco se contaba con un ejecutivo que dirigiera al nuevo gobierno.

Sin ningún modelo anterior que les sirviera de guía, los americanos tuvieron que escoger entre dos opciones: (1) un gobierno central que gobernara las 13 colonias bajo una nueva constitución; o, (2) la de una confederación de trece estados asociados independientes sin ningún poder que los mantuviera unidos.

Para solucionar este dilema, los delegados convocaron una convención constitucional en 1787 en Filadelfia para hacer cambios a los Artículos de la Confederación. Cada estado envió representantes, con excepción de Rhode Island. El grupo constitucional consistía de cincuenta y cinco delegados. La mayoría de los delegados eran abogados y habían participado en la formación de sus respectivas constituciones estatales. Todos venían con cierta experiencia legislativa. James Madison se destacó entre los delegados por su juventud e inteligencia. Madison fue el arquitecto principal de la constitución y hoy se le conoce como "el padre de la Constitución."

LA NUEVA CONSTITUCIÓN

En vez de hacer cambios a los Artículos, los delegados se dedicaron a redactar totalmente una nueva constitución. El nuevo documento fue sometido a todos los estados para su aprobación. Cada estado convocó una convención estatal para decidir si se aceptaba o se rechazaba la nueva constitución. La idea era controversial porque muchos americanos temían de cualquier gobierno central.

Los colonos tenían miedo de un gobierno fuerte y no estaban dispuestos todavía a crear un gobierno central que los dominara. La barrera más formidable que tuvieron que discutir fue el del equilibrio del poder entre los estados y un gobierno central. Este desacuerdo les impidió llegar a una decisión en Filadelfia. Aunque la mayoría deseaba aumentar el poder de un congreso federal, muchos de los delegados temían que se fuera a convertir en una dictadura.

La experiencia y el conocimiento del abuso del poder determinó quienes podían gobernar. Desde el principio aseguraron que ningún grupo ni clase económica podría controlar el gobierno. Los pobres como los ricos tenían el derecho de participar y ser protegidos por la ley. Propusieron reglas para limitar el poder de la mayoría para proteger los derechos de la minoría.

No queriendo concentrar el poder en una sola institución o persona, los delegados dividieron el gobierno en tres poderes. Para que ningún poder pudiera dominar a los otros, se creo la división de poderes. El poder se dividiría entre el Congreso, la Corte Suprema, y el Ejecutivo. Ahora la gran tarea sería convencer los 13 estados de una nueva forma de gobierno.

Jorge Washington escribió varias cartas a diferentes delegados explicando su posición acerca de la nueva Constitución. El 15 de octubre de 1787 envió una carta a Henry Knox explicando varios puntos que le preocupaban si el pueblo no aceptaba la Constitución. En su carta pregunta si la Constitución propuesta es preferible al gobierno de 13 colonias independientes. Washington pensaba que si se demoraba o aplazaba la decisión sobre la Constitución, ¿sería probable otro experimento o un mejor acuerdo en otra convención? Lo que también le preocupaba a Washington eran las consecuencias si esto no se llevaba a cabo. ¿No existe una puerta constitucional abierta para alteraciones o enmiendas?...¿Estarán dispuestos nuestros descendientes a aplicar remedios si la ocasión lo requiere?

James Madison le envió una carta a Jorge Washington, el 18 de octubre de 1787, preocupado por la interpretación de varios delegados sobre lo que se entendía por "ley común" (common law). Washington le contestó, "La Ley Común no es nada más que la ley que no está escrita y que se deja igualmente expuesta a cambios por las legislaturas estatales. Si los delegados se hubieran emprendido a discutir todos los problemas, se hubiera formulado un compendio de leyes en vez de una constitución."

Otro problema que se presentó era la de alcanzar un balance o equilibrio de los tres poderes del gobierno (Congreso, Ejecutivo, Corte Suprema). Los nuevos americanos estaban celosos de su poder y no querían una monarquía. James Madison le explicó a Thomas Jefferson la necesidad de una relación saludable entre los tres poderes del gobierno. Le decía que la meta de la Unión no sería protegida por un sistema basado en el principio de una confederación de estados soberanos. No se puede jamás esperar la práctica voluntaria a la ley federal por parte de todos los estados.

Madison explicaba en su carta a Jefferson la inquietud que tenía de la lucha entre el poder de los estados y el poder federal. En forma de solución recomendaba que se le diera al gobierno central todo el poder en asuntos generales para asegurar los intereses de las distintas partes de la Unión. Además creía que el control sobre los estados parecía ser necesario para prevenir la usurpación (la toma de) la autoridad general y la inestabilidad de las legislaturas estatales. Alegaba que sin este control del entero sobre las partes, el sistema se parecería a un imperio dentro de otro imperio. Era necesario controlar también la usurpación de la autoridad central sobre los estados y dejar a los estados administrar el poder no delegado al poder central.

Alexander Hamilton le escribe a James Madison el 8 de junio de 1787 sobre el tema de la unión federal. En su carta le comunica la urgencia de aprobar la nueva constitución. Hamilton veía el peligro de una invasión europea a la confederación. Lo más que temía Hamilton era la destrucción de la unión y la posible amenaza de una guerra civil. Madison le contesta el 20 de julio de 1788 y entre otras cosas quiere saber si la constitución era un acuerdo entre caballeros o en verdad una unión que se podía romper.

La solución tenía que ser pragmática para poder reconciliar las diferencias filosóficas que existían en las 13 colonias. Los partidos de ambos lados de la cuestión escribieron una serie de ensayos para convencer la oposición de su punto de vista. Los documentos se conocieron como los papeles federalistas (The Federalist Papers).

ALEXANDER HAMILTON
70

LOS PAPELES FEDERALISTAS

Los Papeles Federalistas son una serie de 85 documentos o ensayos escritos en 1788 por Alexander Hamilton, James Madison y John Jay. Hamilton favorecía un gobierno central fuerte. Con mucha energía y entusiasmo solicitó la ayuda de Madison y Jay para convencer a los anti federalistas.

Los Papeles fueron escritos para explicar y convencer a los estados la necesidad de aceptar una nueva constitución que recomendaba un gobierno central fuerte. Cada estado tenía que adoptar o rechazar la nueva constitución. Los argumentos de Los Papeles Federalistas cubrieron todos los puntos esenciales que la nueva constitución proponía. La extensa difusión que tuvieron ayudó a la ratificación de la constitución por los estados.

La importancia de los Papeles Federalistas para el estudiante moderno es tratar de entender la variedad de temas que los colonos de los estados tuvieron que enfrentar. Para darnos una mejor idea de la variedad de temas, las siguientes cuestiones tuvieron que ser decididas antes de la aprobación por los estados.

LA REPRESENTACIÓN EQUILIBRADA

Una de las barreras más formidables que los delegados tuvieron que enfrentar fue la de asegurar que todas las colonias se sintieran protegidas sin importar el tamaño. Los estados pequeños desconfiaban de los más grandes. El estado de Virginia contaba con más población, por lo tanto, quería más poder en el Congreso. Los estados con menos población, por ejemplo, pagarían menos impuestos y los estados con mayor población gozarían de más privilegios y mayor número de votos.

Surgieron dos propuestas acerca de la representación política: el Plan de Virginia y el Plan de Nueva Jersey. El Plan de Virginia se basó en una representación según el número de habitantes dando el poder a los estados más poblados. Virginia era el estado más grande de las 13 colonias. Por otro lado, los estados menos poblados apoyaban el Plan de Nueva Jersey, que otorgaba a cada estado una representación igual para proteger los intereses de los pequeños estados contra los estados con más población. La convención se estancó y los delegados no podían llegar a un acuerdo.

EL GRAN ACUERDO

La delegación de Connecticut ofreció una solución llamada el gran acuerdo (The Great Compromise). La representación se establecería en dos cámaras: la casa de Representantes, es decir, la Cámara de Diputados y la Cámara de los Senadores. Los miembros de la Cámara de Diputados serían elegidos de acuerdo al número de habitantes residentes en cada estado basándose en una fórmula de igualdad. En el Senado se limitaría la representación a dos senadores por estado, no importando el tamaño. De esta manera se garantizaba el mismo poder y equilibrio a los estados chicos. El gran acuerdo permitió la continuación de la convención.

El gran acuerdo no resolvió todos los problemas. Sin embargo, los delegados constituyentes tuvieron que decidir otros temas básicos como la esclavitud, la recaudación de los impuestos, la elección del ejecutivo y los derechos civiles.

LA AMBIVALENCIA HACIA LA ESCLAVITUD

Algunos colonos creían que la esclavitud era una cuestión moral y que debía prohibirse. La discusión sobre la esclavitud se realizó más por sus aspectos económicos que por el derecho del esclavo a la libertad.

Los estados del norte no consideraban la esclavitud como tema importante porque el sistema económico del norte no dependía exclusivamente del trabajo de los negros y además, en el norte habían pocos dueños de esclavos. En cambio, los estados del sur creían que su sistema económico dependía de la mano de obra de los esclavos negros y que sin esa fuerza de trabajo el sistema se desplomaría.

El problema para los delegados tenía que ver con la representación política. El poder de promulgar leyes le pertenecía a la Cámara de Diputados y ambos lados querían la mayoría. Los sureños querían contar a los esclavos en la distribución de representantes para elegir más diputados a la Cámara y así proteger sus intereses políticos y económicos. Al mismo tiempo no querían contar a los esclavos para propósitos de la recaudación de impuestos.

LAS TRES QUINTAS PARTES

Aunque los estados del norte rechazaron el anteproyecto de contar a los esclavos para determinar el número de diputados que los representaría en la Cámara de Diputados, los delegados llegaron a otro acuerdo. Decidieron que los esclavos serían contados como si fueran tres quintas partes de una persona en la determinación de representantes y en la recaudación de impuestos. Esta decisión se llamó el acuerdo de las Tres Quintas Partes (The Three Fifths Decision).

Los delegados a la convención no solamente permitieron la esclavitud, sino que les negaron a miles de seres humanos en condición de esclavos los derechos innatos a la vida, libertad y a la búsqueda de la felicidad como lo prometía la Constitución. Eran seres humanos a los que solamente se les reconocía como tres quintas partes de una persona. En menos de cien años, esta decisión dividiría al país en una guerra civil.

LOS IMPUESTOS

El nuevo gobierno necesitaba dinero para pagar las deudas y cumplir con sus obligaciones. La única manera de conseguirlo era estableciendo un sistema de recaudación de impuestos. Cada sector quería proteger sus intereses. Los industriales del norte querían proteger la nueva industria contra los productos de otro países. Exigían que el gobierno no cobrara impuestos sobre los productos de exportación, temiendo que esto aumentaría los precios. Los impuestos pondrían a sus productos fuera del alcance de los consumidores y fuera de la competencia con los demás productores.

Los delegados llegaron a otro acuerdo. El Congreso regularía el comercio, impondría impuestos sobre los productos de importación, pero no sobre los de exportación. La cuestión del proteccionismo sobre los artículos de importación y de exportación aún es un problema político y económico.

LA PRESIDENCIA

Los delegados no se olvidaban de la tiranía de los soberanos. No querían que el mismo sistema gobernante europeo existiera en América. Temían que al elegir un jefe, este funcionario pudiera adueñarse del puesto y nunca cedería el poder. La Carta Magna había impuesto ciertos límites a los reyes de Inglaterra, pero los delegados querían mayor protección y más restricciones. Decidieron limitar a cuatro años el período que una persona podía ocupar la presidencia. El pueblo tenía la opción de votar la reelección al presidente a un segundo período de cuatro años si se merecía tal confianza.

El pueblo no elegía al presidente técnicamente porque la república era una democracia representativa. Los estados enviarían representantes a un Colegio Electoral, el cual decidiría la presidencia. El candidato presidencial que recibiera la mayoría de votos populares en un estado, recibiría todos los votos electorales de ese estado. El Colegio Electoral designaría al presidente.

LOS DERECHOS CIVILES

Los delegados tenían que llegar a un acuerdo sobre el contenido de la Constitución. Los derechos civiles por los cuales se había luchado tan valientemente preocupaba a todos. Los delegados querían asegurar que cada estado protegería los derechos innatos de todos los ciudadanos. Llegaron al acuerdo de incluir una lista de derechos en la Constitución, a manera de enmiendas. La lista de derechos son conocidos como la Carta de Derechos. Las primeras diez enmiendas fueron añadidas a la Constitución e incorporadas a la ley suprema del país. Thomas Jefferson le escribe a James Madison acerca de los Derechos innatos. Jefferson estaba consciente del debate de Los constituyentes y se pregunta si se debería incluir la Carta de Derechos como parte de la Constitución. Muchos de ellos afirmaban que los derechos eran innatos y protegidos por la ley común. Thomas Jefferson conociendo la naturaleza del hombre y la tendencia de los gobiernos hacia la intolerancia y dictadura, quería que formaran parte de la ley por escrito y no solamente como ley común. Además Jefferson favorecía un sistema de educación pública para asegurar una ciudadanía ilustrada.

...Sobre todo espero que se preste atención a la educación del pueblo; estoy convencido que podemos confiar en su sentido común con más seguridad para la preservación de la libertad...

LA RATIFICACIÓN DE LA CONSTITUCIÓN

Los delegados constituyentes sabían que no todos los habitantes de los estados ratificarían una constitución a favor de un gobierno federal. Los delegados constituyentes recomendaron que se convocaran convenciones estatales para aprobar la nueva constitución. Se llegó al acuerdo de que se necesitarían solamente dos terceras partes de los votantes para declarar la Constitución como ley suprema del país.

No fue fácil ratificar la Constitución. Los delegados se dividieron en dos campos: los federalistas y los antifederalistas. James Madison, conocido como el Padre de la Constitución, escribió artículos para convencer al pueblo a votar por la ratificación. Alexander Hamilton y John Jay también publicaron editoriales contra los antifederalistas.

El trabajo de los delegados federalistas tuvo éxito. La mayoría de los estados ratificaron la Constitución. El documento se convirtió en la ley suprema del país. Sin embargo, la Constitución fue aprobada con la condición de que se añadiera una carta de derechos (Bill of Rights).

EJERCICIOS:

SECCION A: CONTESTE LO SIGUIENTE:

1. ¿En qué peligro se encontraba el nuevo país?

2. ¿Cuál es la diferencia entre una confederación y una república?

3. Explique el equilibrio de poderes. ¿Por qué es importante en una república?

4. Encuentre situaciones hoy día en que los tres poderes se encuentran en desacuerdo.

5. ¿Cuáles fueron las preocupaciones de Jorge Washington acerca del gobierno?

6. ¿Por qué fue difícil aprobar la Constitución?

7. ¿Por qué fue importante incluir la Carta de Derechos como parte de la Constitución?

8. ¿Se aseguran los derechos innatos a toda persona en el mundo?

9. ¿Cómo se protegen los derechos entre los estados y el gobierno federal?

SECCION B: COMPLETE LAS SIGUIENTES FRASES

1. La convención constitucional se llevó a cabo en la ciudad de
   _____ el año _____.

2. A _____ se le conoce como el padre de la constitución.

3. El gobierno se dividió en tres poderes.
   1. _____
   2. _____
   3. _____

4. La ley que no está escrita se llama _____.

5. Los tres que escribieron los Papeles Federalista fueron
   1. _____
   2. _____
   3. _____

6. El método de representación legislativo fue presentado por dos planes
   1. _____   2. _____

7. La decisión de contar a los esclavos como parte de una persona se llamó _____

8. El cuerpo que vota por el presidente se llama _____.

9. Los derechos humanos son _____.

PLEDGE OF ALLEGIANCE

*I pledge allegiance to the flag
of the United States of America
and to the Republic for which it
stands: one nation under God,
indivisible, with liberty and
justice for all.*

SALUDO A LA BANDERA

*Juro Lealtad a la bandera de los
Estados Unidos de América y a
la república que representa:
una nación a los ojos de Dios;
indivisible, libre y justa
para todos.*

LA BANDERA NORTEAMERICANA

La bandera tricolor, roja, blanca y azul es el símbolo de la unión indivisible de los Estados Unidos de Norte América. *El azul* significa la **justicia**, *el rojo* postula el **valor**, *el blanco* simboliza la **verdad**. Las 50 estrellas representan los estados de la unión. Las franjas rojas y blancas corresponden a las trece colonias originales que formaron el país. La bandera original fue aprobada por el Congreso el 14 de junio de 1777. Por esta razón, el día de la bandera se celebra en esta fecha cada año.

Honrar y respetar la bandera demuestra el orgullo, el amor, y la lealtad que todo ciudadano jura tener a su país. Al verla pasar, se suele poner de pie y se saluda con la mano derecha sobre el pecho.

CAPITULO SEIS
LA CONSTITUCIÓN
DE LOS ESTADOS UNIDOS

INFORMACIÓN QUE DEBE CONOCER EL ALUMNO:

1. Identificar el número de las primeras colonias de los Estados Unidos.

2. Nombrar cuatro de las colonias originales.

3. Saber en que año se escribió la Constitución de los Estados Unidos.

4. Nombrar las tres poderes del gobierno federal.

5. Identificar la Constitución como la ley suprema del país.

6. Identificar las primeras 10 enmiendas de la Constitución como la Carta de Derechos.

7. Nombrar cuatro enmiendas de la Carta de Derechos.

8. Identificar el Preámbulo de la Constitución.

9. Identificar tres derechos de las enmiendas 11 a 26.

LA INDEPENDENCIA

El 4 de julio de 1776 los representantes de las 13 colonias se reunieron en Philadelphia, Pennsylvania para firmar la Declaración de la Independencia. Las 13 colonias representadas fueron:

1. Pennsylvania
2. Nueva York
3. Georgia
4. Carolina del Sur
5. Carolina del Norte
6. Virginia
7. Massachusetts
8. Delaware
9. Nueva Hampshire
10. Maryland
11. Rhode Island
12. Nueva Jersey
13. Connecticut

En la Declaración de Independencia, Thomas Jefferson proclamó la libertad de las colonias de la soberanía inglesa y de la lealtad al rey de Inglaterra. Cincuenta y seis hombres firmaron el documento, jurando ganar la lucha de la independencia o ser ejecutados por traición. La lucha duró once años y en 1787 las 13 colonias ganaron su independencia.

Ganada la guerra, los insurgentes ahora tenían otros problemas que solucionar. Debían formar un gobierno en el que la mayoría estuviera de acuerdo. Por lo tanto tenían que crear un nuevo sistema de gobierno. Tenía que hacer frente al problema de crear un sistema de gobierno federal, sin perder la nueva libertad ganada. El nuevo gobierno no tenía dinero y estaba endeudado con otros países a causa de la guerra de la Independencia. Ya no estaba Inglaterra para protegerlos contra posibles invasores ni había un mecanismo que se encargara de las relaciones exteriores con otros países. Ahora se enfrentaban a lo desconocido con una forma de gobierno sin monarcas (reyes, reinas, o emperadores).

Pero, ¿cómo lograr la unidad y formar un gobierno donde se pudieran gobernar por sí mismos? Los colonos tenían que caminar por senderos nunca antes caminados. ¿Cómo escoger a los líderes? ¿Cómo protegerse de tiranos? ¿Qué leyes habrían que recomendar y aprobar? ¿Cómo establecer un sistema de impuestos para pagar las deudas del nuevo gobierno? ¿Cómo proteger la libertad y los derechos tan difícilmente ganados?

Los representantes de cada estado se reunieron en Philadelphia, Pennsylvania. Esta reunión, conocida como la Convención de los Constituyentes, diseñó un plan de gobierno. Este plan se llamó la Constitución de los Estados Unidos. Personas muy importantes acudieron a la convención, entre ellos se encontraban George Washington, Benjamín Franklin, Alexander Hamilton, y James Madison. James Madison escribió gran parte de la Constitución, por lo que se le conoce como el Padre de la Constitución.

LA CONSTITUCIÓN

En 1787 se terminó de formular la nueva Constitución. Esta tarea había tomado cuatro meses. El nuevo país, conocido como los Estados Unidos de América, nació proclamando derechos y libertades hasta entonces desconocidos y solamente anhelados.

Los autores de la Constitución querían una nueva forma de gobierno para el nuevo país. Querían asegurar que fuera un gobierno por el pueblo y para el pueblo. Este documento llegaría a ser tan importante que se le conocería como la Ley Suprema del país. Ninguna otra ley podría contradecirla ni ningún individuo o estado tendría poder por encima de ella. Todas las personas serían regidas por ella. La Constitución garantizaría la libertad y los derechos de todos los individuos que vivieran en los Estados Unidos, incluyendo a los no ciudadanos.

PRINCIPIOS BASICOS DE LA CONSTITUCION

SEPARACION DEL PODER

DERECHOS INNATOS

GOBIERNO POR EL PUEBLO

PRINCIPIOS BASICOS DEL GOBIERNO

LA LIBERTAD

LA IGUALDAD

PROTECCION DEL INDIVIDUO

LA CONSTITUCION. LA LEY SUPREMA

LA REPUBLICA

LOS TRES PRINCIPIOS CONSTITUCIONALES

La Constitución está basada en tres principios fundamentales:

La Garantía de Derechos Innatos

* *El derecho a la libertad de religión*
* *El derecho a la libertad de expresión*
* *El derecho de portar armas*
* *El derecho a ser juzgado y de saber de qué crimen se le acusa y de careo (verse de cara) con los acusadores*
* *El derecho a la propiedad privada y a la protección de la misma*

Un gobierno por el pueblo

El segundo derecho fundamental garantiza un gobierno por el pueblo y para el pueblo. Este derecho protege el privilegio del voto a cada ciudadano y el derecho de aprobar nuevas leyes.

El Equilibrio de Poderes

El tercer derecho fundamental establece un equilibrio para que ningún grupo o personas impongan el poder sobre otros. Para proteger el equilibrio de poderes, los fundadores de la patria dividieron el poder del gobierno en tres partes iguales: el poder Legislativo, el poder Judicial, y el poder Ejecutivo.

LA ESTRUCTURA DE LA CONSTITUCIÓN

La Constitución está compuesta de tres partes: el Preámbulo, que presenta la filosofía del gobierno; los Artículos, que establecen la forma de gobierno; y las Enmiendas, que especifican los derechos pertenecientes al pueblo.

LA ESTRUCTURA DE LA CONSTITUCION

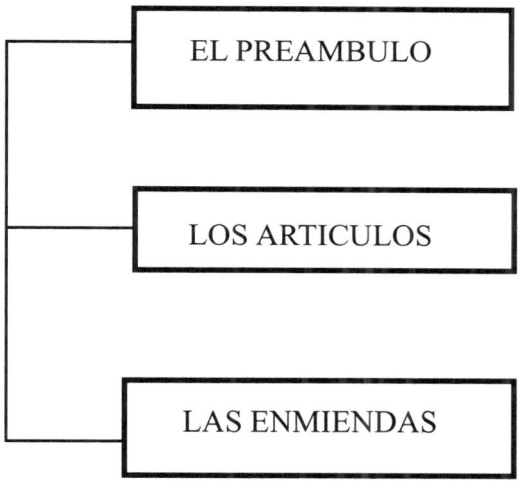

EL PREAMBULO

Nosotros, el pueblo de los Estados Unidos, para formar una unión más perfecta, establecer la justicia, asegurar la tranquilidad doméstica, proveer la defensa común, fomentar el bienestar general, y asegurar las bendiciones de la libertad para nosotros y nuestra posteridad, ordenamos y establecemos esta Constitución de los Estados Unidos de América -

LOS ARTICULOS

Los autores de La Constitución escribieron siete artículos que describirían como se formaría el nuevo gobierno y su funcionamiento. Basados en las experiencias anteriores del abuso del poder, querían un sistema que estableciera un proceso de revisión y equilibrio. Esto significaba que ningún poder gubernamental podría posesionarse completamente del poder.

El poder se dividió en tres partes. Cada una compartiría el poder y vigilaría que los otros dos se mantuvieran dentro de sus límites. Actualmente, el poder Legislativo supervisa al poder Ejecutivo y la Corte Suprema supervisa a ambos.

ARTICULO 1
Explica el poder legislativo.

ARTICULO 2
Explica el poder Ejecutivo.

ARTICULO 3
Explica el poder Judicial.

The Preamble

We the people of the United States,

in order to form a more perfect union,

establish justice, insure domestic tranquility,

provide for the common defense,

promote the general welfare, and secure

the blessings of liberty, to ourselves

and our posterity, do ordain and establish

this constitution for the

United States of America.

ARTICULO 4
Explica la relación entre los estados.

ARTICULO 5
Explica como enmendar la Constitución.

ARTICULO 6
Establece la Constitución como la Ley Suprema de los Estados Unidos.

ARTICULO 7
Explica como se aprobaría la Constitución.

LAS ENMIENDAS

Los autores de la Constitución querían que fuera un documento vivo. Conforme al crecimiento del país y a los cambios sociales, surgiría la necesidad de explicaciones, interpretaciones y enmiendas a la Constitución. Cualquier cambio tendría que llevarse a cabo con el consentimiento y la aprobación de las tres cuartas partes de los estados. Estos cambios se llamarían enmiendas. Las diez primeras constituyen la Carta de Derechos.

LA CARTA DE DERECHOS

Los colonos habían sufrido la persecución religiosa y habían vivido bajo el poder de tiranos y monarcas. Desde un principio querían garantizar una lista de derechos para el pueblo. Este documento revolucionario se llamó - La Carta de Derechos -. Por primera vez en la historia, el pueblo mismo declaró y garantizó sus propios derechos.

Toda persona que vive en los Estados Unidos debe de estar consciente

LOS TRES PODERES DEL GOBIENRO

EL EJECUTIVO

 LLEVA A CABO LA LEY

EL JUDCIAL

 INTERPRETA LA LEY

EL LEGISLATIVO

 REDACTAN LAS LEYES

CAMARA DE DIPUTADOS   SENADO

435   100

de sus derechos y exigir la protección de la ley. El desconocer los derechos otorgados por la Constitución puede ocasionar la pérdida de esos derechos y la pérdida de la libertad por la negación de los mismos. Todo individuo debe proteger sus derechos constitucionales y no permitir que ninguna persona, grupo o agencia de gobierno le niegue, por ningún motivo, cualquiera de estos derechos básicos. Lo que sigue es un resumen de los Derechos innatos de La Carta de Derechos. Las primeras 10 enmiendas fueron propuestas juntas el 25 de septiembre, 1789 y aprobadas: el 15 de diciembre, 1791.

1 ª ENMIENDA:
Garantiza la libertad de expresión, de prensa, de religión, de reunión pacífica y de petición de cambios al gobierno.

2 ª ENMIENDA:
Garantiza el derecho de portar armas y de organizar la milicia estatal.

3 ª ENMIENDA:
Prohibe al gobierno en tiempo de paz, el acuartelamiento forzoso de soldados en casas particulares.

4 ª ENMIENDA
Prohibe el cateo sin permiso judicial.

5 ª ENMIENDA:
Prohibe juzgar a una persona dos veces por el mismo delito. Prohibe que una persona sea forzada a atestiguar contra sí mismo. El gobierno no puede confiscar propiedades sin compensación, ni negar la libertad o vida de una persona sin el debido proceso judicial.

6 ª ENMIENDA:
Garantiza al acusado: un proceso judicial con un jurado imparcial; que se le informe acerca de la causa que se le acusa; el careo con los testigos en su contra; la presentación de testigos a su favor; la representación de un abogado.

7ª ENMIENDA:
Para casos civiles garantiza un Juicio de Corte.

8ª ENMIENDA:
Prohibe las fianzas, las multas excesivas, y los castigos crueles y fuera de lo común.

9ª ENMIENDA:
Todos los derechos no mencionados en la Constitución pertenecen al pueblo.

10ª ENMIENDA:
Todos los derechos no delegados al gobierno federal pertenecen a los estados y al pueblo.

Cuando la Constitución fue escrita en 1787, solamente había cuatro millones de habitantes en las 13 colonias. Los Estados Unidos hoy cuentan con más de 250 millones de habitantes. No solamente ha aumentado la población sino que también la forma de gobierno ha madurado y han surgido nuevas preocupaciones sociales. Esto ha llevado a cambiar la Constitución para garantizar nuevos derechos. Las siguientes enmiendas fueron aprobadas por la mayoría de los estados en respuesta a los cambios sociales. Es importante notar la fecha en que fue propuesta y el tiempo que llevó para que fuera aprobada. Nótese también el año y el siglo en que se llevó acabo la enmienda a la Constitución. Esto indica que la Constitución es un documento vivo, es decir, que puede ser enmendada si el 75% de los estados vota a su favor.

11ª ENMIENDA: (Propuesta en marzo 4, 1794 y aprobada en enero 8, 1798)
Prohibe que las personas de un estado o de un país demanden a otro Estado de los Estados Unidos.

12ª ENMIENDA: (Propuesta en diciembre 9 1803 y aprobada en septiembre 25, 1804)
Separa, en el Colegio Electoral, la elección del presidente y del vicepresidente.

13ª ENMIENDA: (Propuesta en enero 31, 1865 y aprobada en diciembre 18, 1865)
Abolió y prohibió la esclavitud.

14ª ENMIENDA: (Propuesta en junio 13, 1866 y aprobada en julio 28, 1868)
Otorga la ciudadanía a todos los nacidos o naturalizados en los Estados Unidos.

15ª ENMIENDA: (Propuesta en febrero 26, 1869 y aprobada en marzo 30, 1870)
Otorga el derecho de votar a los negros y a los anteriormente esclavos.

16ª ENMIENDA: (Propuesta en julio 12, 1909 y aprobada en febrero 25, 1913)
Otorga al gobierno el derecho de recaudar impuestos.

17ª ENMIENDA: (Propuesta en mayo 13, 1912 y aprobada en mayo 31, 1913)
Otorga al pueblo el poder de elegir senadores.

18ª ENMIENDA: (Propuesta en diciembre 18, 1917 y aprobada en enero 29, 1919; Fue desaprobada en enero 29, 1933)
Prohibe la producción, venta, y consumo de licores.

19ª ENMIENDA: (Propuesta en junio 4, 1919 y aprobada en agosto 26, 1920)
Otorga el derecho al voto a la mujer. (Nótese que se usó el mismo argumento para darle el voto a la mujer que en la Enmienda número 15.)

20 ª ENMIENDA: (Propuesta en marzo 2, 1932 y aprobada en febrero 6, 1933)
Determina que los términos de Presidente y Vice Presidente terminan el 20 de enero, y los términos de Senadores y Diputados terminan el 3 de enero. Establece la sucesión presidencial.

21 ª ENMIENDA: (Propuesta en febrero 20, 1933 y aprobada en diciembre 5, 1933)
Anula la 18 ª enmienda.

22 ª ENMIENDA: (Propuesta en marzo 24, 1947 y aprobada en marzo 1, 1951)
Limita la presidencia a dos períodos de cuatro años cada uno.

23 ª ENMIENDA: (Propuesta en junio 16, 1960 y aprobada en abril 3, 1961)
Establece electores para elegir el Presidente y Vice Presidente en el Distrito Federal de Colombia. (El Distrito Federal no es un estado. Ni tampoco tiene gobernador, diputados ni senadores).

24 ª ENMIENDA: (Propuesta en agosto 27, 1962 y aprobada en febrero 4, 1964)
Establece el derecho al voto a todo ciudadano de los Estados Unidos en cualquier elección primaria o elección de Presidente y Vice Presidente, Senador o Diputado del Congreso. Este derecho no puede ser negado y se prohibe cobrar una cuota o impuesto por este derecho.

25 ª ENMIENDA: (Propuesta en julio 6, 1965 y aprobada en febrero 23, 1967)
Determina la forma en que el Vice Presidente asume la presidencia, si el Presidente renuncia, se encuentra incapacitado, muere o es removido del puesto.

26ª ENMIENDA: (Propuesta en marzo 23, 1971 y aprobada en julio 5, 1971)
Otorga el derecho al voto a las personas mayores de 18 años.
Dos enmiendas han sido propuestas y no han obtenido los votos necesarios de los estados para que sean aprobadas.

1. (Enmienda No. 27: Propuesta en marzo 22, 1972)
Derechos de Igualdad a la mujer (Equal Rights Amendment) y no pudo obtener las tres cuartas partes de los estados que votaran a su favor. Es decir, el 75% de los estados tenían que aprobar la enmienda para que formara parte de la ley de los Estados Unidos.

2. (Enmienda No. 27: Propuesta el 22 de agosto de 1978)
Se propuso que el Distrito Federal de Colombia recibiera el mismo tratamiento como si fuera un estado. Si esta enmienda hubiera sido aprobada antes del 22 de agosto de 1885, hubiera cancelado la Enmienda 23.

EJERCICIOS

SECCION A: CONTESTE LO SIGUIENTE.

1. **INVESTIGACION**
   a. ¿Qué es una colonia?
   b. Nombre otras colonias del continente americano
   c. ¿Por qué estaban descontentos los colonos de las 13 colonias?
   d. ¿Por qué declararon su independencia los colonos?
   e. ¿De qué país se independizaron los colonos latinoamericanos?
   f. Identifique el día de la independencia de otros países americanos.

2. En el mapa de los Estados Unidos, localice cada una de las 13 colonias.

3. **LA CONSTITUCION**
   a. ¿Qué es una constitución?
   b. ¿Por qué es importante escribir una constitución?
   c. ¿Qué contiene el preámbulo?
   d. ¿Qué es una enmienda?
   e. ¿Por qué se enmienda la Constitución?

4. **LAS DERECHOS**
   a. ¿Qué quiere decir un derecho innato?
   b. ¿Por qué se escribió la Carta de Derechos?
   c. ¿Se garantizan los derechos innatos en otros países?
   d. ¿Qué consecuencias tiene el abuso a los derechos innatos?

5. **LOS PODERES**
   a. ¿Por qué dividieron el poder del gobierno en tres partes?
   b. ¿Qué pasa cuando no hay equilibrio del poder?
   c. Dé un ejemplo de un gobierno donde no hay división del poder.

SECCION B: COMPLETE LAS SIGUIENTES FRASES.

6. Las colonias de los Estados Unidos se declararon independientes de _____.

7. La Constitución de los Estados Unidos se firmó en el año de _____.

8. Existían _____ colonias o estados cuando se firmó la Constitución de los Estados Unidos.

9. La Constitución se escribió en la ciudad de _____.

10. Cuatro de los colonos más sobresalientes en la Convención Constitucional fueron:
    a. _____
    b. _____
    c. _____
    d. _____

11. _____ se conoce como el padre de La Constitución de los EE.UU..

12. Los tres principios básicos de la Constitución son:
    a. _____
    b. _____
    c. _____

13. La Constitución está dividida en tres partes, estas son:
    a. _____
    b. _____
    c. _____

14. A un cambio en la Constitución se le llama _____.

15. En la Constitución, los derechos innatos se encuentran en _____.

16. Los tres poderes del gobierno son:
    a. _____
    b. _____
    c. _____

17. El Presidente y el Vicepresidente se encuentran en el poder _____ del gobierno.

18. El poder ejecutivo consiste de:
    a. _____
    b. _____
    c. _____
    d. _____

19. Los _____ hacen las leyes.

20. Los _____ interpretan las leyes.

SECCION C: SELECCIONE LA RESPUESTA APROPIADA.

21. ¿Quién escribió la Declaración de la Independencia?
    a. George Washington
    b. Benjamin Franklin
    c. Thomas Jefferson

22. ¿En qué año se declaró la Independencia?
    a. 1492
    b. 1776
    c. 1789

23. ¿Cuáles de los siguientes estados fueron parte de las trece colonias originales?
    a. California
    b. Pennsylvania
    c. Nueva York
    d. Texas
    e. Arizona
    f. Carolina del Norte

24. ¿En qué día se celebra la Independencia?
    a. 25 de diciembre
    b. 4 de julio
    c. 12 de febrero

25. ¿Cómo se llaman los primeros 10 derechos?
    a. Preámbulo
    b. Carta de Derechos
    c. Constitución

26. ¿Cómo se llama la vigilancia del poder entre los tres poderes gubernamentales?
    a. amnistía
    b. equilibrio de poderes
    c. justicia

27. ¿En cuál de los poderes del gobierno se encuentra la presidencia?
    a. legislativo
    b. ejecutivo
    c. judicial

28. ¿En cuál de los poderes del gobierno se encuentran los senadores y los diputados?
    a. legislativo
    b. ejecutivo
    c. judicial

29. ¿En cuál de los poderes del gobierno se encuentran los jueces?
     a. legislativo
     b. ejecutivo
     c. judicial

30. De las siguientes opciones, ¿cuáles sí son enmiendas a la Constitución?
     a. El congreso tiene dos cámaras
     b. el presidente puede gobernar durante solamente dos períodos
     c. las mujeres tienen derecho al voto
     d. el presidente es la cabeza del poder ejecutivo
     e. los afroamericanos tienen el derecho al voto

31. El preámbulo empieza con la frase...
     a. All men are created equal...
     b. We, the people of the United States...
     c. Oh, say can you see....

32. ¿Cuáles de los siguientes derechos se encuentran en la Carta de Derechos?
     a. practicar cualquier religión
     b. portar armas
     c. votar a partir de los 18 años
     d. protección contra el cateo sin permiso judicial

33. ¿Cuántos derechos hay en la Carta de Derechos?
     a. 10 derechos
     b. 26 derechos
     c. 3 derechos

SECCION D: LEA LOS SIGUIENTES CASOS E IDENTIFIQUE LA ENMIENDA QUE PROTEGE EL DERECHO CONTRA EL ABUSO DE AUTORIDAD.

34. Salvador quiere protegerse de los ladrones. Va y pide permiso para comprar una pistola. La policía lo arresta porque encuentra el arma.

35. A Consuelo no le gusta como está actuando el gobierno, se reune con varios amigos y empiezan a marchar en protesta. La policía llega y les dice que es ilegal protestar contra el gobierno.

36. Tres policías tocan a la puerta de la casa. Serafín no contesta inmediatamente. Ellos tumban la puerta y empiezan a registrar sus pertenencias.

37. Los policías hacen una redada y arrestan a Luis. No le informan del delito de que lo acusan.

38. La policía arresta a Gabriel y le pregunta si él cometió un robo esa noche.

39. Un ranchero tiene por la fuerza a varios trabajadores en su rancho. Los amenaza con una pistola si tratan de escaparse.

40. Una mujer va a votar y le niegan la boleta.

41. Un presidente y su partido político no quieren ceder el poder y deciden la reelección por tercera vez.

42. Una persona va a votar y le piden que pague un dólar por el uso del lápiz y la boleta.

43. Unas mujeres son arrestadas y las golpean en la cárcel.

44. A Felipe lo acusan de un crimen, el juez lo llama a su oficina y lo condena a 10 años de prisión. No lo enjuician, ni hay jurado, ni le permiten un abogado.

45. Un reportero escribe acerca de los abusos políticos del gobernador. El gobernador manda cerrar el periódico.

46. Un grupo de fieles quieren abrir un templo en la ciudad. Pero se les prohibe porque no son protestantes y no hablan inglés.

47. Un hombre es acusado de un crimen. El jurado lo juzga inocente. Un año después encuentran más evidencias y lo acusan otra vez del mismo crimen.

SECCION E: ESCOJA LA ENMIENDA QUE CORRESPONDE A LOS SIGUIENTES CASOS.

48. La policía entra a su casa sin permiso judicial.
    a. 10ª enmienda
    b. 4ª enmienda
    c. 1ª enmienda

49. Un reportero se da cuenta de que un congresista ha defraudado al gobierno y lo publica en el periódico.
    a. 7ª enmienda
    b. 3ª enmienda
    c. 1ª enmienda

50. A Juan lo acusan de asesinato, pero no hay testigos ni evidencias en su contra en el juicio.
    a. 10ª enmienda
    b. 3ª enmienda
    c. 6ª enmienda

51. Se afirma que un latino cometió un crimen. La policía detiene a todos los mexicanos del barrio.
    a. 8ª enmienda
    b. 5ª enmienda
    c. 6ª enmienda

52. Usted quiere quejarse del mal trato de los latinos por parte de las autoridades. Se convoca a una junta en el parque.
    a. 2ª enmienda
    b. 1ª enmienda
    c. 9ª enmienda

53. Los infantes de marina llegaron a la ciudad y el comandante insiste en que las familias alojen a dos de ellos en sus casas.
    a. 8ª enmienda
    b. 3ª enmienda
    c. 2ª enmienda

54. Un oficial le pregunta si usted participó en un asalto.
    a. 7ª enmienda
    b. 5ª enmienda
    c. 4ª enmienda

55. Felipe López escribe su opinión criticando las actividades del gobierno en Latinoamérica.
    a. 2ª enmienda
    b. 1ª enmienda
    c. 3ª enmienda

LA CASA BLANCA

La Casa Blanca es la residencia oficial del Presidente de los Estados Unidos y representa el poder ejecutivo. La dirección es Avenida Pennsylvania 1600, N.W., en la ciudad de Washington, Distrito de Colombia (D.C.). La reconstruyeron en 1812 después de ser quemada por los ingleses. Es aquí donde el presidente ofrece cenas de gala a jefes de estado y recibe visitantes y dignatarios extranjeros

En el interior de la Casa Blanca se encuentran los retratos oficiales de todos los presidentes y los muebles y antigüedades de ex-familias presidenciales. En la Oficina Ovalada, el presidente recibe a líderes nacionales e internacionales. También desde allí algunas veces se dirige a la nación por la radio o televisión. En el patio del Jardín de las Rosas, en ocasiones especiales, el presidente firma documentos y leyes importantes.

CAPITULO SIETE
EL PODER EJECUTIVO

INFORMACION QUE EL ALUMNO DEBE CONOCER:

1. Nombrar el poder que representa la Presidencia.

2. Identificar al poder ejecutivo como una división de los poderes del gobierno.

3. Describir la función del poder ejecutivo.

4. Identificar los requisitos para ser presidente.

5. Identificar los requisitos para ser vicepresidente.

6. Explicar la función del Gabinete.

7. Identificar una Secretaría del Gabinete.

8. Explicar las funciones de las secretarías federales.

9. Explicar las responsabilidades del poder Ejecutivo.

EL PODER EJECUTIVO

El Presidente de los Estados Unidos es el ejecutivo de la nación y el jefe del poder Ejecutivo. La función principal del poder Ejecutivo es reforzar las leyes de la nación. El presidente mantiene el equilibrio del poder entre los otros dos poderes del gobierno. Si una propuesta de ley no concuerda con su filosofía de gobierno, el presidente tiene el derecho de vetarla aunque haya sido aprobada por ambas cámaras. El presidente tiene el derecho de nominar a los jueces de la Suprema Corte y a otros jueces del sistema judicial federal. Estas nominaciones quedan sujetas, desde luego, a la aprobación del Congreso.

El presidente nombra a sus asistentes que forman el Gabinete. Este Consejo está formado por el vicepresidente, los jefes de las secretarías federales, conocidos como secretarios, y los jefes de las agencias federales independientes. También éstas son aprobadas por el Congreso.

EL PRESIDENTE

Puede aspirar a la presidencia cualquier ciudadano nacido en los Estados Unidos, mayor de 35 años de edad y que haya vivido en el país durante 14 años.

Los candidatos a la presidencia generalmente pertenecen a un partido político. Los partidos principales son el Demócrata y el Republicano. Existen, desde luego, otros partidos políticos pequeños como el partido Independiente, el Libertario, el Socialista, y el Comunista. Hubo un partido político Chicano, de corta duración fundado en Texas en 1970 y llamado el partido de La Raza Unida.

REQUISITOS PARA LA PRESIDENCIA

TENER 35 AñOS DE EDAD

SER CIUDADANO POR NACIMIENTO

HABER VIDIDO 14 AñOS CONSECUTIVOS EN EL PAIS

REQUISITOS PARA LA VICEPRESIDENCIA

TENER 35 AñOS DE EDAD

SER CIUDADANO POR NACIMIENTO

HABER VIVIDO 14 AñOS CONSECUTIVOS EN EL PAIS

Los candidatos presidenciales se postulan dentro de su propio partido en las elecciones primarias entre febrero y junio del año de la elección presidencial que ocurre cada cuatro años. Los triunfadores de los comicios (elecciones) dentro de sus partidos, lanzan su campaña nacional para convencer al pueblo que vote por ellos en las elecciones de noviembre, que se realizan el martes después del primer lunes del mes. En estas elecciones federales también se eligen a los miembros del congreso correspondientes y a candidatos a nivel estatal, municipal, y del condado.

LA DEMOCRACIA REPRESENTATIVA

El sistema de gobierno de los Estados Unidos no es una democracia absoluta, es decir, el presidente no es electo directamente por el voto popular, sino por el voto del Colegio Electoral. El número de votos electorales de cada estado equivale al número de Diputados y Senadores federales de ese estado. Así, todos los votos electorales de un estado se asignan al candidato que haya ganado la mayoría de votos en el estado. El candidato que obtenga la mayoría de votos electorales es declarado presidente. Si ningún candidato obtiene la mayoría de votos o resultan empatados, la Cámara de Diputados decide la elección.

El nuevo presidente toma posesión de su cargo el 20 de enero. El período presidencial es de cuatro años y se permite una sola reelección. Ningún presidente puede fungir más de dos períodos.

El ejecutivo ejerce un enorme poder, pero siempre con límites. Los deberes y las responsabilidades de la presidencia están especificados en la Constitución. En efecto, el juramento que hace el día de la toma de posesión, lo convierte en el guardián máximo de la Constitución y de las leyes del país. Entre los poderes más sobresalientes del ejecutivo están los siguientes:

PODERES DEL EJECUTIVO

* Hacer cumplir las leyes y los tratados de los Estados Unidos
* Manejar la política exterior, sujeto, desde luego, a los límites impuestos por el Congreso y la Constitución.
* Ser el jefe máximo de las fuerzas armadas.
* Aprobar o vetar las leyes promulgadas por el Congreso.
* Nominar a los jueces y a los jefes de las secretarías federales, sujeto a la confirmación del Senado.
* Aconsejar al Congreso acerca de las necesidades del país, por medio de un discurso anual llamado El Estado de la Nación.

ALGUNOS PRESIDENTES FAMOSOS

Se han elegido 42 presidentes a partir de la fundación de los Estados Unidos. En 1996 fue reelecto el cuadragésimo segundo (42) mandatario de la historia del país. Algunos presidentes son recordados por sus enormes contribuciones al engrandecimiento del país. George Washington, por ejemplo fue el primer mandatario del país. Abraham Lincoln abolió la esclavitud y puso fin a la Guerra Civil de 1865. Theodore Roosevelt destacó con los Rough Riders en Puerto Rico durante la Guerra Hispanoamericana. Franklin Roosevelt es famoso por los programas federales que inició, como el Seguro Social y diversos programas de beneficio al trabajador. John F. Kennedy afirmó su lugar en la historia por haber sido el primer mandatario católico electo a la presidencia y por haber inspirado entusiasmo a una generación joven.

LA VICEPRESIDENCIA

El segundo puesto de más alto rango en el gobierno de los Estados Unidos es el de vicepresidente. Si un presidente muere o es asesinado, el vicepresidente asume el poder inmediatamente. Cuando John F. Kennedy fue asesinado en 1963, Lyndon Johnson entonces vicepresidente, asumió la presidencia. Por esta razón los requisitos de la vice presidencia son iguales que los de la presidencia. Es costumbre que el candidato presidencial nombre a su vice presidente. Por lo general, escoge a un candidato que le ayudará a triunfar en las elecciones generales.

DEBERES Y OBLIGACIONES
Son varios los deberes y las obligaciones de la vice presidencia.

* Presidir el Senado de los Estados Unidos. Solamente puede votar si hay un empate.

* Servir de enlace principal entre el poder Ejecutivo y el Senado.

* Ser miembro del Gabinete y participar en asuntos críticos de política nacional.

* Representar al presidente en el Consejo Nacional de Seguridad.

* Asumir el poder presidencial en caso que el presidente enferme o se incapacite física o mentalmente.

La sucesión presidencial ha sido establecida por ley. En caso de que el presidente y el vicepresidente no puedan ejercer el cargo de ejecutivo, hay una lista de funcionarios electos que tienen el derecho de asumir el poder. En primer lugar está con el presidente de la Cámara de Diputados, seguido por el presidente temporal del Senado, el Secretario de Estado, y así sucesivamente con los miembros del Gabinete en un orden predeterminado. Se estableció el proceso de la sucesión presidencial para garantizar que el país nunca esté sin mandatario.

EL PRESIDENTE Y SUS CONSEJEROS

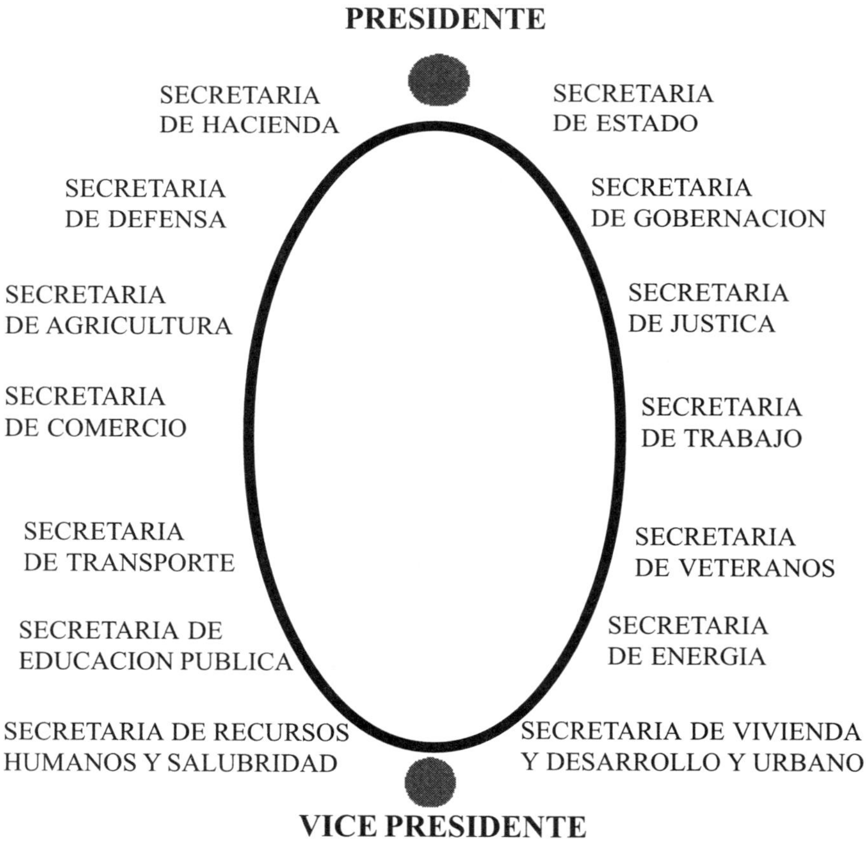

PRESIDENTE

SECRETARIA DE HACIENDA
SECRETARIA DE ESTADO
SECRETARIA DE DEFENSA
SECRETARIA DE GOBERNACION
SECRETARIA DE AGRICULTURA
SECRETARIA DE JUSTICA
SECRETARIA DE COMERCIO
SECRETARIA DE TRABAJO
SECRETARIA DE TRANSPORTE
SECRETARIA DE VETERANOS
SECRETARIA DE EDUCACION PUBLICA
SECRETARIA DE ENERGIA
SECRETARIA DE RECURSOS HUMANOS Y SALUBRIDAD
SECRETARIA DE VIVIENDA Y DESARROLLO Y URBANO

VICE PRESIDENTE

EL GABINETE

El Gabinete consta de catorce (14) Departamentos Federales conocidos como Secretarías y sus jefes son los Secretarios. La única excepción es la Procuraduría de Justicia, cuyo jefe lleva el título de Procurador General de los Estados Unidos. La Constitución no establece el Gabinete, sin embargo, desde George Washington, el primer presidente, todos han establecido un consejo para administrar los departamentos federales.

En la siguiente relación aparecen las secretarías en el orden de la sucesión presidencial. Los nombres y las funciones principales de las Secretarías son las siguientes:

LA SECRETARIA DE ESTADO

La Secretaría de Estado aconseja al Presidente sobre los asuntos de Relaciones Exteriores. El secretario actúa de negociador de tratados y acuerdos entre naciones, siempre quedando sujetos a la aprobación presidencial y del Senado. Establece Secretarías Regionales en varios países del mundo tales como Sudamérica, Centroamérica, Europa, Africa, Asia y el Pacífico. Administra el sistema de embajadas y consulados y proporciona asistencia a los ciudadanos norteamericanos que viajan y trabajan en el extranjero.

LA SECRETARIA DE HACIENDA (LA TESORERIA)

El Secretario de Hacienda aconseja a la Presidencia en cuestiones económicas, de finanzas, de impuestos, y de asuntos fiscales. Bajo su responsabilidad está la operación de las aduanas las que regulan el comercio de importación y exportación de los Estados Unidos. Recauda las tarifas de importaciones. Supervisa el diseño y la acuñación de la moneda para el país. Mantiene el Servicio Secreto que brinda protección a los altos funcionarios del gobierno. Se encarga de proteger algunos edificios del gobierno. Finalmente, tiene la responsabilidad de administrar la recaudación de impuestos federales y la imposición de multas a los evasores de impuestos

LA SECRETARIA DE DEFENSA

La Secretaría de la Defensa mantiene a las fuerzas armadas para la seguridad nacional. Participa en el manejo de la seguridad nacional, incluyendo la coordinación de los planes de la Secretaría con la política nacional y toma parte en las negociaciones y los acuerdos armamenticios.

LA SECRETARIA DE JUSTICIA

El Procurador General de Justicia es responsable por la investigación y persecución de las violaciones de la ley federal. Representa al gobierno en todos los asuntos legales, incluyendo los casos ante la Suprema Corte. Dentro de la Secretaría existen varias divisiones que se encargan de diferentes áreas. La más conocida es la Oficina Federal de Investigación (FBI) que presta sus servicios de investigación a otras oficinas gubernamentales. Entre las divisiones administrativas están las siguientes: la Administración de la vigilancia de las Drogas; la División Criminal, incluyendo la Sección de Extorsionistas y Crimen Organizado, y la Sección de Fraude; la División Antimonopolio para proteger al mercado abierto; y la División de la Ley de Privacidad y la ley de la Libertad de Información.

Es de suma importancia saber las funciones de la Secretaría de Justicia y las leyes que administra. Una de sus funciones es procesar las solicitudes de inmigrantes que desean ser ciudadanos.

Esta Secretaría mantiene, además, el sistema de prisiones federales de mínima y máxima seguridad y algunos programas comunitarios relacionados con la justicia.

LA SECRETARIA DEL INTERIOR

El Secretario del Interior mantiene los recursos nacionales de los terrenos de la nación. Bajo su administración están los programas de las Reservas de Indígenas Americanos. Por medio del Servicio de Flora y Fauna conserva, protege, y fomenta la vida marítima y silvestre. Esta secretaría resulta más visible para el ciudadano ordinario porque todos tienen la oportunidad de usar y admirar los parques nacionales, monumentos, sitios históricos, y áreas recreativas.

LA SECRETARIA DE AGRICULTURA

La Secretaría de Agricultura está al servicio del agricultor. Por medio de publicaciones y datos proporcionados por el Servicio de Investigación Agrícola, la Secretaría informa al agricultor de los métodos más eficaces para mejorar la producción. Administra el Banco Agrícola que proporciona préstamos a granjas pequeñas. Inspecciona y certifica la calidad de la producción ganadera y avícola. Ofrece programas de nutrición para personas de bajos ingresos tales como las estampillas de alimentos, y los programas para mujeres, y niños (WIC).

Esta Secretaría ayuda a los agricultores a obtener los mejores precios para sus productos a través del programa de apoyo a los precios. También, administra los bosques nacionales.

LA SECRETARIA DE COMERCIO

La Secretaría de Comercio promueve el desarrollo del comercio y las industrias nacionales e internacionales por medio de la investigación, la publicación, y la asistencia al comerciante. Además ofrece préstamos y asistencia pública.

EL CENSO

Una de las tareas de esta Secretaría es levantar el censo, es decir, contar el número de habitantes cada diez años, sean ciudadanos, residentes o indocumentados. El empadronamiento que se levantó en 1990 es de suma importancia porque también incluyó el número de habitantes de habla española. El número de habitantes del estado y del condado determina el número de diputados federales y miembros de la asamblea del estado. Además, el número de habitantes es la base federal para regresar parte de los impuestos recaudados de los residentes del estado para los servicios sociales y otros programas de beneficio a la ciudadanía.

Es esencial la cooperación de todos los residentes y ciudadanos para que el empadronamiento sea exacto. Es importante proporcionar la información exacta del número de personas que habitan en el hogar, ya sea personalmente a un funcionario o por medio de un formulario enviado por correo. Dar esa información no perjudica de ninguna manera.

LA SECRETARIA DEL TRABAJO

La Secretaría del Trabajo administra las leyes federales del trabajo para asegurar que las condiciones de trabajo sean saludables. Vigila que las leyes del salario mínimo sean respetadas. Supervisa que las leyes de tiempo extra sean aplicadas después de las 40 horas, si forma parte del contrato de trabajo.

La Secretaría administra las leyes del trabajo para que en el lugar de trabajo no haya discriminación por motivos de raza, color de la piel, edad, sexo, religión, origen nacional o impedimento físico. Además, verifica la justa aplicación del seguro de desempleo y la compensación por razones de enfermedad o lesiones.

Esta dependencia federal también administra los programas de adiestramiento de empleo para ayudar a las personas más necesitadas a conseguir un empleo permanente, con el fin de que se puedan valer por sí mismos y sean autosuficientes.

Las leyes vigiladas por la Secretaría del Trabajo protegen los derechos de los miembros de los sindicatos y regulan sus procedimientos.

LA SECRETARIA DE SALUBRIDAD Y RECURSOS HUMANOS

Esta Secretaría fomenta los servicios de salubridad por medio de la investigación, la prevención, y la curación de las enfermedades. Apoya los programas de salubridad que sirven a las personas de bajos ingresos y desarrolla programas para combatir el abuso del alcohol y las drogas.

Adicionalmente, promueve el bienestar y la autosuficiencia de los grupos tradicionalmente considerados vulnerables, tales como los ancianos, los niños y los refugiados. Administra, además, programas de asistencia como el Seguro Social, el Sostenimiento a Familias con Niños Dependientes (AFDC), la Asistencia a los Ciegos, y la Ayuda a los Refugiados.

LA SECRETARIA DE VIVIENDA Y DESARROLLO URBANO

La función de esta Secretaría es mejorar las condiciones de la vivienda para todos. Ofrece, entre otras cosas, préstamos a bajo interés para construir viviendas populares a bajo costo y facilita préstamos individuales para compra de casas propias.

Esta Secretaría trata de prevenir la discriminación en la selección de viviendas y la discriminación en la industria constructora por medio del programa de Igualdad de Oportunidad y Justicia en la Vivienda.

Toda persona debe tener, libre de discriminación, la posibilidad de alquilar o comprar una casa en los Estados Unidos. Esta dependencia federal administra programas que garantizan esa posibilidad. Si una persona siente que lo discriminan por cuestiones de color de la piel, raza, origen nacional, edad, sexo, religión o impedimento físico, tiene el derecho de quejarse y buscar una solución favorable.

LA SECRETARIA DEL TRANSPORTE

La Secretaría del Transporte desarrolla reglamentos y programas para promover un transporte seguro, rápido, conveniente, y eficiente. Refuerza las reglas de seguridad. Fomenta el desarrollo del transporte aéreo, de las carreteras, y los caminos. Apoya, además, el transporte público por medio de la asistencia técnica y financiera.

Parte de su obligación es mantener el Servicio de Guardacostas, que refuerza las leyes marítimas de la nación. Asegurar que los vehículos de transporte marítimos acaten las reglas de seguridad para salvar vidas y propiedades.

LA SECRETARIA DE EDUCACION PUBLICA

A nivel nacional, la función de esta Secretaría es mejorar la educación y promover niveles educativos altos para todo el país. La Secretaría conduce investigaciones sobre las condiciones educativas de la nación y publica los resultados. Esta dependencia administra programas de servicios educativos tales como la educación bilingüe, los programas vocacionales, y los programas para adultos.

Otra función importante de la Secretaría de Educación Pública es administrar el programa de préstamos a estudiantes que han terminado la preparatoria y desean inscribirse en una universidad o escuela tecnológica. Este apoyo financiero toma la forma de becas, préstamos educativos de interés bajo, y de programas que combinan el estudio con empleo dentro de la institución educativa.

LA SECRETARIA DE ENERGIA

Esta dependencia federal conduce investigaciones sobre el futuro de los energéticos y publica la información. La Secretaría busca nuevas formas de energía que sean eficientes y costeables. Su función es promover la conservación y el uso de los recursos energéticos renovables. Adicionalmente, regula a ciertos productores y distribuidores de energía, fijando las tarifas y otorgando licencias.

SECRETARIA DE ADMINISTRACION DE VETERANOS

Esta Secretaría está al servicio de los hombres y las mujeres veteranos de las fuerzas armadas. Les ofrece servicios de préstamo educativos, servicio médico y compensación a las familias de los veteranos. Especialmente mantiene servicios para veteranos incapacitados y compensación a veteranos heridos. Esta secretaría la estableció el Presidente Reagan en 1988.

LAS AGENCIAS FEDERALES INDEPENDIENTES

Aparte de las Secretarías existen varias agencias independientes, dentro del poder Ejecutivo, que tienen una función muy específica y temporal. Sin embargo, algunas tienen ya la calidad de agencias permanentes, por el tiempo que llevan de existencia y porque su función aún es necesaria. Aquí se hace un breve resumen de las más importantes:

1.   LA COMISION DE LOS DERECHOS CIVILES

Esta Comisión fue creada precisamente para velar por los derechos civiles constitucionales del individuo. Su función es la de prevenir la violación de estos derechos por razones de color de la piel, raza, religión, edad, origen nacional, o impedimento físico.

2. **LA COMISION DEL CONSUMIDOR Y SEGURIDAD 1 DEPRODUCTOS**

Investiga e informa acerca de la seguridad de los productos. Tiene el poder de retirar productos nocivos del mercado y buscar la cooperación de los industriales para el desarrollo de niveles de producción seguros.

3. **LA AGENCIA DE PROTECCION AMBIENTAL**

Establece normas para mantener puro el aire y potable el agua. Protege de la contaminación ambiental a la población.

4. **LA CORPORACION FEDERAL ASEGURADORA DE DEPOSITOS BANCARIOS**

Por medio de esta Corporación Federal, el gobierno asegura los depósitos de los usuarios depositados en los bancos pertenecientes a este sistema. Las siglas, FDIC, generalmente están a la vista e identifican al banco asegurado. Antes de escoger un banco es aconsejable verificar si es miembro del FDIC. Además la Comisión supervisa a los bancos del país para que no haya malos manejos y que la banca no fracase o defraude a los clientes.

5. **LA COMISION FEDERAL ELECTORAL**

Su función es supervisar las elecciones para que sean honestas y justas. Regula la recaudación de fondos y los gastos de las campañas electorales, e impone multas, si no se respetan las leyes electorales.

EL PODER EJECUTIVO

EL PRESIDENTE

VICE PRESIDENTE

CONSEJO DE MINISTROS

AGENCIAS FEDERALES INDEPENDIENTES

6. EL CONSEJO FEDERAL DE RESERVA MONETARIA

Este Consejo apoya el crecimiento de la economía del país. Trata de evitar la inflación por medio del control de la cantidad de dinero en el mercado.

7. LA COMISION FEDERAL DE COMERCIO

Estimula la competencia económica imparcial. Previniendo el monopolio, control de precios, los acuerdos, los boicots, y las prácticas ilegales.

8. LA ADMINISTRACION NACIONAL DE AERONAUTICA ESPACIAL (NASA)

Desarrolla y fortalece programas dedicados al uso pacífico del espacio por medio de la tecnología espacial. Estudia al sistema solar, el universo, y la tierra.

9. EL CONSEJO NACIONAL DE RELACIONES LABORALES

Protege los derechos de los obreros y las empresas por medio de relaciones laborales justas.

10. LA ADMINISTRACION DE PEQUEÑAS EMPRESAS

Aconseja, asiste, y protege empresas pequeñas por medio de préstamos, programas educativos, asistencia técnica de administración de empresas, y la promoción de contratos gubernamentales destinados a empresas pequeñas.

11. LA AGENCIA DE INFORMACION DE LOS EE.UU.

Publica, en el extranjero, información acerca de la cultura, la política, y las opiniones de los Estados Unidos. Administra el programa de propaganda de radio: La Voz de América y La Radio Martí. Utiliza otros medios de comunicación tales como eventos de prensa y televisión, exhibiciones internacionales, mantenimiento de bibliotecas, y promociones culturales internacionales.

12.   SERVICIO POSTAL DE LOS EE.UU.

Es responsable de entregar a domicilio más de 150 billones de piezas anuales de correspondencia en el país. El sistema de correos de los Estados Unidos es uno de los más eficientes del mundo y opera millares de oficinas en todo el país. Tiene a la venta estampillas, giros postales, y servicio de entrega inmediata.

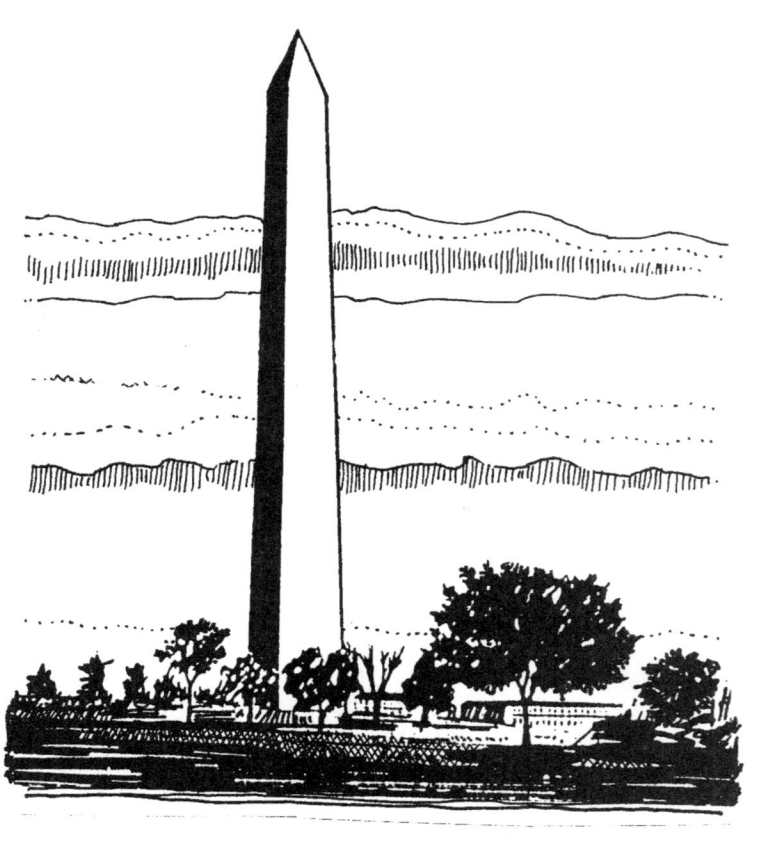

EL MONUMENTO A WASHINGTON

El obelisco fue construido entre 1848 y 1885 en memoria de George Washington, el primer presidente de los Estados Unidos y comandante de la Armada Continental, el primer ejército de los Estados Unidos.

El interior del monumento tiene piedras talladas en las paredes, donaciones de diversas personas, sociedades, ciudades, estados, y países. El obelisco mide 555 pies (166.5 metros) de altura y pesa más de 90 mil toneladas.

EJERCICIOS

SECCION A: COMPLETE LAS SIGUIENTES FRASES.

1. El candidato a la presidencia tiene que tener _____ años cumplidos para ser elegido presidente.

2. Para ser elegido Presidente, un ciudadano nacido en los Estados Unidos tiene que haber vivido en el país _____ años.

3. Si el Presidente muere, _____ toma el mando del gobierno.

4. La responsabilidad del ejecutivo es de _____ las leyes del país.

5. _____ fue el último Presidente americano que fue asesinado.

6. El poder que tiene el Presidente sobre el Congreso se llama _____.

7. El Presidente puede nombrar funcionarios al
    a. _____
    b. _____
    c. _____

8. El Vicepresidente preside sobre el _____.

9. Los funcionarios del Gabinete se llaman _____.

10. El grupo de funcionarios que aconsejan con el presidente se llama _____.

11. ¿Qué secretaría refuerza la ley de inmigración_____.

12. _____ es el Presidente actual de los EE.UU.

13. _____ es el Vicepresidente actual de los EE.UU.

SECCION B: CONTESTE SI LAS SIGUIENTES AFIRMACIONES SON VERDADERAS O FALSAS.

14. El Presidente puede ejercer su cargo un máximo de 12 años.

15. Sólo una persona nacida en el país puede ser elegida Presidente.

16. El Presidente tiene que solicitar la aprobación del congreso para nombrar a los ministros del consejo.

17. El Vicepresidente tiene los mismos requisitos que el Presidente para ser elegido.

18. El Presidente escribe las leyes.

19. Un dueño de empresa puede decidir cualquier salario mínimo que le convenga.

20. El Presidente perdona a criminales federales.

21. El Presidente puede declarar la guerra.

22. El Vicepresidente es parte del Congreso.

SECCION C: IDENTIFIQUE EL DEPARTAMENTO QUE TENGA LA RESPONSABILIDAD DE LOS SIGUIENTES CASOS.

23. Cada año los ciudadanos tienen que reportar lo que ganan en sueldo e inversiones y cuánto han pagado de impuestos. _____

24. Si alguien quiere empezar un negocio y pide ayuda para un préstamo, necesita además un técnico que le asista. _____

25. Las estampillas subieron de precio a treinta y dos centavos. _____

26. Unos marineros se encuentran en un barco que se hunde y solicitan ayuda. _____

27. La escuela recibe dinero para educar a los niños que no saben hablar inglés o que necesitan educación especial. _____

SECCION D: ESCOJA LA SECRETARIA QUE TIENE LA RESPONSABILIDAD EN LOS SIGUIENTES CASOS.

28. Procesar los documentos de inmigración.
    a. Secretaría de Justicia
    b. Secretaría de Educación
    c. Secretaría de Hacienda

29. Distribuir en las escuelas el dinero para la comida.
    a. Secretaría de Educación
    b. Secretaría de Agricultura
    c. Secretaría de Salubridad y Recursos Humanos

30. Administrar el censo cada diez años.
    a. Secretaría de la Vivienda
    b. Secretaría de Comercio
    c. Secretaría de la Defensa

31. El pago mensual al Seguro Social.
    a. Secretaría de Hacienda
    b. Secretaría de Educación
    c. Secretaría de Salubridad y Recursos Humanos

32. Registrar vehículos y pertenencias al cruzar la frontera.
    a. Secretaría de Hacienda
    b. Secretaría de Justicia
    c. Secretaría del Transporte

33. Negociar el regreso del Chamisal a México.
    a. Secretaría de Estado
    b. Secretaría de Gobernación
    c. Secretaría de Justicia

34. Imprimir dinero y acuñar monedas.
    a. Secretaría de Salubridad y Recursos Humanos
    b. Secretaría de Hacienda.
    c. Secretaría del Trabajo

35. Proveer fondos para cursos de adiestramiento de adultos.
    a. Secretaría de Gobernación
    b. Secretaría de Hacienda
    c. Secretaría del Trabajo

36. Administrar los consulados y las embajadas en el extranjero.
    a. Secretaría del Interior
    b. Secretaría de Hacienda
    c. Secretaría de Estado

EL CAPITOLIO DE LOS ESTADOS UNIDOS

El Congreso se reúne en el Capitolio de la nación. El edificio fue construido entre 1793 y 1867 en la ciudad de Washington, D.C. (Distrito de Colombia). La Estatua de la Libertad, ubicada en la cúspide de la cúpula, preside sobre el Senado y la Cámara de Diputados. El día de la toma de posesión presidencial, frente este edificio majestuoso, los presidentes juran públicamente defender las leyes y la constitución del país.

El Capitolio, es el símbolo de la democracia donde se promulgan las leyes federales que gobiernan al país. Es el guardián de los valores e ideales americanos.

CAPITULO OCHO
EL PODER LEGISLATIVO

INFORMACION QUE EL ALUMNO DEBE CONOCER:

1. Identificar las dos cámaras del Congreso.

2. Nombrar la rama del Congreso que corresponde a los senadores.

3. Nombrar a los dos senadores del estado.

4. Nombrar al diputado de su distrito.

5. Describir las funciones de la legislatura.

6. Identificar los requisitos para ser senador.

7. Identificar los requisitos para ser diputado.

8. Explicar el proceso de aprobación de una ley federal.

EL CONGRESO

EL SENADO

100 SENADORES

LA CAMARA DE DIPUTADOS

435 DIPUTADOS

EL CONGRESO

EQUILIBRIO DE PODER

Negar dinero al poder ejecutivo

Negar la creación de departamento gubernamentales

Rehusar las nominaciones del presidente

Rehusar la ratificación de tratados

PODERES

Regular la moneda

Proveer por la defensa nacional

Establecer correros

Regularel sistema de pesas y medidas

Proponer leyes para el Districto de Columbia

Declarar le guerra

EL CONGRESO

El Congreso o Legislatura, como también se le llama, está formado por dos cámaras, el Senado y la Cámara de Diputados. La función principal del Congreso es promulgar las leyes que gobiernan al país. El equilibrio de poderes lo ejerce el Congreso sobre la presidencia con el privilegio de aprobar una ley sobre el veto del presidente con dos terceras partes de los congresistas. El Congreso se reserva el derecho de negarle a la presidencia la confirmación de jueces a la corte federal, a la Suprema Corte, embajadores, jefes militares, miembros del gabinete, inclusive a candidatos de las agencias federales independientes.

La Constitución otorga al Congreso facultades que no comparte con los otros dos poderes del gobierno. Tiene la facultad de imprimir monedas, de pedir dinero prestado a crédito, recaudar impuestos y regular el comercio entre los estados. Tiene también la facultad de proveer por la defensa nacional, formular leyes de inmigración y de ciudadanía, y regular pesas y medidas. El Congreso aprueba leyes que gobiernan al Distrito de Colombia y tiene el poder exclusivo, bajo la constitución, de declarar la guerra y firmar acuerdos de paz.

EL SENADO

Son tres los requisitos para ser Senador: ser mayor de 30 años; haber nacido en los Estados Unidos o ser ciudadano naturalizado por un mínimo de 9 años; y ser residente del estado donde busca la elección.

Cada estado de la unión elige dos senadores al Congreso y éstos representan a los ciudadanos del estado. Ejercen sus funciones durante seis años y no hay límite al número de veces que pueden ser reelectos. Para mantener la continuidad en el Senado, sólo una tercera parte de los senadores buscan la reelección cada dos años.

El Senado no solo comparte responsabilidades en el Congreso con la

EL SENADO

REQUISITOS

30 años de edad

Ciudadano por nacimiento o naturalizao

No menos de 9 años como ciudadano

Ser residente de estado

un periódo de 6 años

Reelección sin limite

Dos de cada estado

PODERES ESPECIALES

Aprueba nominaciones presidenciales

Ratifica tratados

Determina la culpabilidad o inocencia de oficiales

Cámara de Diputados, sino también tiene tres poderes especiales. Juzga si un funcionario del gobierno es inocente o culpable y si merece ser expulsado o retirado del poder. Confirma los nombramientos de la presidencia a puestos oficiales. Ratifica o aprueba los tratados de los Estados Unidos con otros países.

La composición del Congreso ejemplifica el equilibrio de poderes de los estados. En el Senado, todos los estados tienen dos representantes cada uno, ya sean chicos o grandes: muy poblados como California, o de escasa población como Montana o Nuevo México.

Los ciudadanos y los residentes legales tienen el derecho de llamar por teléfono o escribir a su senador cuando estén en desacuerdo o a favor de alguna propuesta de ley. Los senadores tienen mucho interés en la opinión de sus ciudadanos constituyentes y generalmente responden a las cartas y llamadas que reciben. Cuando el Congreso consideraba la propuesta de la Ley de Reforma y Control de Inmigración de 1986, muchos individuos y grupos se comunicaron con sus representantes para tratar de influir en ellos la aprobación de una ley lo más justa posible. Otros que querían una ley más estricta y con más sanciones, también se comunicaron con sus representantes.

Los senadores son muy sensibles a las a encuestas realizadas a sus ciudadanos. Si los senadores ven que la mayoría de sus constituyentes están en contra de una propuesta de ley, votarán en contra de ella. Si el pueblo no expresa su opinión, los senadores votarán con el grupo que tenga más influencia, o muchas veces los senadores votan según su propio criterio. Los senadores, como otros funcionarios, quieren complacer a los votantes para lograr ser reelectos. Es el deber del ciudadano o del residente permanente de mantenerse informado y de saber en que sentido vota su congresista.

Los senadores pueden intervenir a favor de sus constituyentes. Si un miembro de la familia se extravía en el extranjero, utilizan su influencia para comunicarse con los funcionarios del otro gobierno y solucionar el problema. Por otro lado, si un miembro de la familia está gravemente enfermo y si el hijo presta servicio en las fuerzas armadas, un senador a veces puede intervenir y pedir que le den permiso para visitar al enfermo.

LA CAMARA DE DIPUTADOS

Son tres los requisitos para ser diputado: ser mayor de 25 años; haber nacido en los Estados Unidos o ser ciudadano naturalizado por un mínimo de 7 años; y ser residente del estado donde busca ser elegido.

El período de elección de un diputado es de dos años y no hay límite por las veces que puede ser reelecto. Cada estado está dividido en distritos y el número de diputados depende del tamaño de la población del estado. Al estado más poblado le pertenece tener más diputados.

Para establecer un equilibro de poderes y evitar los problemas entre los estados grandes y los estados pequeños se llegó al acuerdo de que los estados con poblaciones numerosas tuvieran más diputados que los estados con menor población. Cada distrito equivale a una proporción de la población. El número de diputados equivale al número de distritos que le corresponde. Entre menos sea la población de un estado, menor será el número de diputados que le corresponde.

El equilibrio de poderes de los estados reside en el Senado donde todos los estados tienen la misma representación. Mientras que la representación en la Cámara de Diputados se basa en el número de habitantes que tenga el estado, representados por distritos.

El número de diputados correspondiente a un estado puede variar según el aumento o la disminución de la población. Cada 10 años se levanta un censo, es decir, un registro general de habitantes del país para determinar el número de habitantes de cada estado. Si un estado disminuye su población, también disminuye el número de diputados. Después del censo, la nueva proporción es uno de los temas más controvertidos que se discuten cada 10 años. Al haber cambios de población, los políticos pueden cambiar los límites del distrito para mantenerse en el poder. Así pueden prevenir que ciertos grupos reúnan suficientes votantes para elegir al candidato de su preferencia.

El éxito de un partido político estriba en dividir los distrito en beneficio del partido. A veces se hacen tratos y se llegan a acuerdos a puertas cerradas. A esto se le llama «gerrymandering», es decir, los partidos políticos o los intereses creados, deseosos de mantenerse en el poder, tratan de fijar los límites geográficos del distrito para proteger sus propios intereses.

La Cámara de Diputados goza de poderes plenos no compartidos con el Senado. Uno de los poderes reservados a la Cámara de Diputados es el de expulsar a funcionarios de sus puestos por razones justificadas. Además, todas las propuestas de ley del presupuesto nacional se originan en la Cámara de Diputados y sólo ellos pueden imponer y recaudar impuestos y acuñar moneda. Regulan el comercio. Mantienen las fuerzas armadas. Solo ellos declaran la guerra. En términos generales, promulgan las leyes necesarias para ejecución de dichos poderes otorgadas por la Constitución.

Los diputados federales suelen comunicarse con sus constituyentes con más frecuencia que los senadores. Es así porque tienen que buscar la reelección cada dos años y representan un número menor de constituyentes. Muchas personas solicitan ayuda de su diputado para solucionar algún problema de negocios o personal. Los asistentes del diputado generalmente están muy dispuestos a ayudar y tratan de responder a cualquier petición lo más pronto posible.

Todo ciudadano o residente debería escribir o llamar por teléfono a su diputado. Las leyes o los impuestos que la Cámara de Diputados promulgan afectan directamente a todos, por lo tanto, es el deber de todo constituyente mantenerse informado y saber cómo vota su diputado.

LA CAMARA DIPUTADOS

REQUISITOS

Ser mayor de 25 años

Ser cuidadano por nacimiento o naturalizado

No menos de 7 años como cuidadano

Ser residente del estado

Un periódo de 2 años

PODERESE ESPACIALES

Presentar las propuestas del presumpuestos y de impuestos

Denunciar a oficiales

COMO SE PROMULGAN Y SE APRUEBAN LAS LEYES

La promulgación y la aprobación de las leyes es uno de los procesos políticos más críticos del Congreso. Antes de que una propuesta llegue a ser ley, un congresista la introduce y luego es enviada a un comité. El comité puede cambiarla, reeditarla, ignorarla o aprobarla. Si no hay recomendaciones, ahí termina el proceso.

Si el comité lo aprueba, con o sin cambios, pasa a la Cámara de Diputados para ser debatida y considerada plenamente. La Cámara puede cambiarla, aprobarla, o rechazarla.

Si la propuesta es aprobada, pasa al Senado para su consideración. El Senado la puede debatir, cambiar, y regresarla a la Cámara de Diputados. La Cámara de Diputados tiene que estar de acuerdo con los nuevos cambios.

Si la propuesta de ley es aprobada por ambas cámaras, entonces es enviada al presidente para su firma y ratificación Si el presidente la firma, se convierte en ley. Si no la firma, y si el Congreso está en sesión, automáticamente se convierte en ley a los diez días. El presidente, si no está de acuerdo, tiene la opción de vetar la propuesta. El veto es el equilibrio de poderes de la presidencia sobre el Congreso. Si el Presidente veta la propuesta, el Congreso puede promulgarla como ley solamente si ambas cámaras la aprueban con un voto favorable de las dos terceras partes de los congresistas.

Los senadores y los diputados tienen que saber como funcionar dentro del marco político para que una propuesta llegue a ser ley. La estrategia política es buscar la cooperación de otros diputados interesados en la misma idea. Lo importante es negociar efectivamente para la representación de su estado, de su distrito, de su partido, y de sus constituyentes.

COMO SE APRUEBAN LAS LEYES

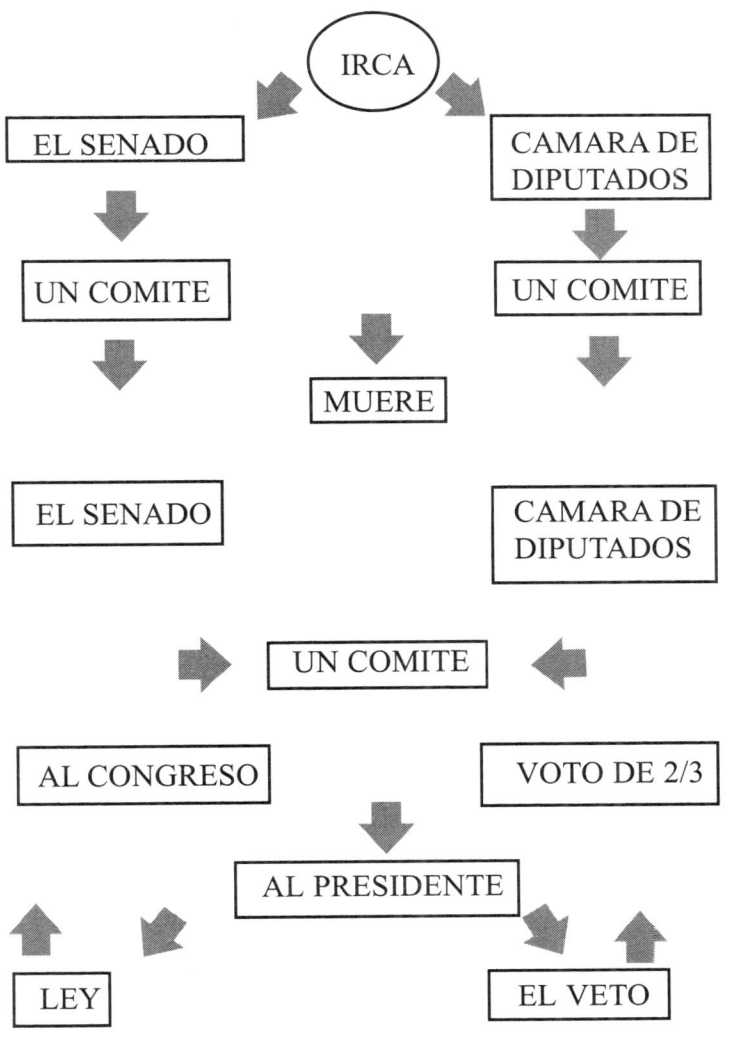

Una propuesta de ley muere si nadie le presta atención. Los diputados tienen que persuadir a sus colegas a que voten a su favor, algunas veces prometiendo apoyarlos en algo que ellos quieren que sea aprobado. Si quieren eliminar una propuesta, a veces le añaden tantas enmiendas que nadie quiere votar por ella. El Senado, en cambio, puede debatir una propuesta por días enteros hasta el cansancio como táctica de obstrucción o de filibustero.

EJERCICIOS:

SECCION A: SELECCIONE LA RESPUESTA APROPIADA:

1. El poder del gobierno que hace las leyes es
    a. el ejecutivo
    b. el legislativo
    c. el judicial

2. ¿Cuántos senadores hay por cada estado?
    a. tres
    b. cuarenta
    c. dos

3. El Congreso puede
    a. declarar la guerra
    b. imprimir dinero
    c. perdonar criminales

4. El período de un senador dura
    a. cuatro años
    b. dos años
    c. seis años

5. El número de diputados se determina según
    a. el número de habitantes
    b. el tamaño del estado
    c. el número de votantes

6. El período de un diputado tiene una duración de
    a. cuatro años
    b. dos años
    c. seis años

7. El Presidente tiene poder sobre el Congreso por medio de
    a. la eliminación
    b. el veto
    c. la súplica

SECCION B: COMPLETE LAS SIGUIENTES FRASES.

8. Yo vivo en el estado de _____ y los dos senadores son _____ y _____.

9. Yo vivo en el distrito número _____ y el diputado del distrito se llama _____.

10. El poder Legislativo tiene _____ cámaras.

11. Las cámaras de la Legislatura son:
    a. _____
    b. _____

12. La rama legislativa tiene poder sobre la presidencia por medio de:
    a. _____
    b. _____

13. La función principal de la Legislatura es la de _____

14. Cinco funciones de la Legislatura son:
    a. _____
    b. _____
    c. _____
    d. _____
    e. _____

15. Los tres requisitos para ser elegido senador son:
    a. _____
    b. _____
    c. _____

16. Los tres requisitos para ser elegido Diputado son:
    a. _____
    b. _____
    c. _____

17. El _____ refleja el número de Diputados.

18. Sólo _____ puede declarar la guerra.

19. En el censo se hace un recuento de población cada _____ años.

SECCION C: CONTESTE SI LA AFIRMACION ES VERDADERA O FALSA.

20. El Presidente puede declarar la guerra.

21. Hay límite de reelecciones para un diputado.

22. Hay limite de reelecciones para un senador.

23. El período de un senador federal dura cuatro años.

24. El período de un diputado federal dura cuatro años.

25. El Congreso imprime dinero.

26. El Presidente imprime dinero.

27. Se eligen dos diputados por cada estado.

28. Se hace un recuento de la población cada vez que hay elecciones.

29. El número de habitantes en un estado determina el número de diputados.

30. Los congresistas tienen que ser residentes del estado donde son elegidos.

31. Los congresistas aprueban el nombramiento del los jueces de la Suprema Corte.

32. Los ciudadanos naturalizados pueden ser elegidos senadores.

CAPITULO NUEVE
EL PODER JUDICIAL

INFORMACION QUE EL ALUMNO DEBE CONOCER:

1. Identificar los poderes de la Corte Suprema.

2. Describir las funciones del poder Judicial.

3. Identificar el número de jueces de la Corte Suprema.

4. Identificar al funcionario que nombra candidatos a la Corte Suprema.

5. Identificar la Corte Suprema como la corte más elevada del país.

6. Identificar cuál de los poderes del gobierno federal confirma la nominación de los jueces.

7. Identificar la duración de un juez federal en su cargo.

8. Nombrar las cortes federales menores.

9. Definir como se realiza la apelación de un juicio.

EL PODER FEDERAL

Las Cortes Federales son la parte esencial del poder Judicial. El poder judicial tiene varias responsabilidades. Explica las leyes que no estén claras en la Constitución. Los jueces interpretan las leyes aprobadas por el Congreso. Escuchan pleitos entre personas, entre dos estados, entre personas y el gobierno federal, entre estados y el gobierno federal. Castigan a los que violan la ley federal. Además, la Corte Suprema interpreta y decide lo que la Constitución significa en casos específicos. Sus decisiones son finales y no hay apelación posible porque es la corte más alta del país.

Para mantener el equilibrio de poderes, la Corte Suprema vigila a los otros dos poderes para asegurar de que estén funcionando dentro de la Constitución. Los jueces son nombrados por el presidente y confirmados por el Congreso. Una vez nombrados y aprobados, los jueces ejercen su cargo de por vida y supuestamente libres de las presiones políticas.

La Corte Suprema consiste de un Juez Supremo y ocho Jueces Asociados. Desde la fundación de los Estados Unidos, todos los jueces habían sido hombres. En 1981 el Presidente Reagan nombró a Sandra O'Connor. El Congreso aprobó el nombramiento y la primer mujer llegó a ser juez de la Corte Suprema.

Cada presidente nombra jueces que comparten su ideología política, ya sea conservadora o liberal. Si hay muchos jueces conservadores, los políticos liberales protestan, y si hay muchos liberales, los conservadores protestan. El nombramiento de un juez puede provocar una lucha política feroz entre el presidente, el congreso y el público, especialmente entre los liberales y los conservadores.

EL PODER JUDICIAL

JUEZ SUPREMO
WILLIAM H. RENQUIST

ANTHONY KENNEDY	CLARENCE THOMAS
DAVID SOUTER	RUTH BADER GINSBURG
ANTONIN SCALIA	STEVEN BREYER
SANDRA DAY O'CONNER	JOHN STEVENS

LAS DIFERENTES CORTES FEDERALES

Es imposible que la Corte Suprema atienda todos los casos del país. Por lo tanto, se establecieron diferentes niveles de cortes federales para dar a todas las personas la oportunidad de un juicio justo e imparcial.

Toda persona tiene el derecho a un juicio justo e imparcial. Si se acusa a alguien de un crimen federal, se le juzgará en una de las cortes de los 94 distritos del país. Si el acusado no está conforme con el dictamen de la Corte de Distrito, puede apelar la decisión en una de las 11 Cortes Federales de Circuito. El acusado puede apelar a la Corte Suprema si todavía cree que el dictamen ha sido injusto. Si los argumentos del acusado son suficientemente convincentes como para ser escuchados por la Corte Suprema, este es el último recurso. La existencia de la Corte Suprema demuestra que si una persona es inocente, puede llevar su caso hasta la corte más alta de la nación.

El Gobierno Federal también ha establecido cortes para otros propósitos:
1. Corte de Reclamaciones
2. Corte de Aduanas
3. Corte de Aduanas y de Apelación de Patentes
4. Corte de Apelaciones Militares.

LAS DECISIONES DE LA CORTE SUPREMA

De los miles de casos en todo el país, que desean ser oídos en la Corte Suprema, solamente un número reducido es escogido cada año. Es muy importante el hecho de que un caso llegue a la Corte Suprema porque la decisión final no puede ser apelada por ninguna otra corte estatal o federal. El poder de la Corte Suprema es la última palabra en un caso jurídico. La Corte Suprema puede reconsiderar sus decisiones hechas en otra época; por ejemplo existe la posibilidad de que se reconsidere la decisión de definir la ciudadanía.

LA ESTRUCTURA DE LAS CORTES FEDERALES

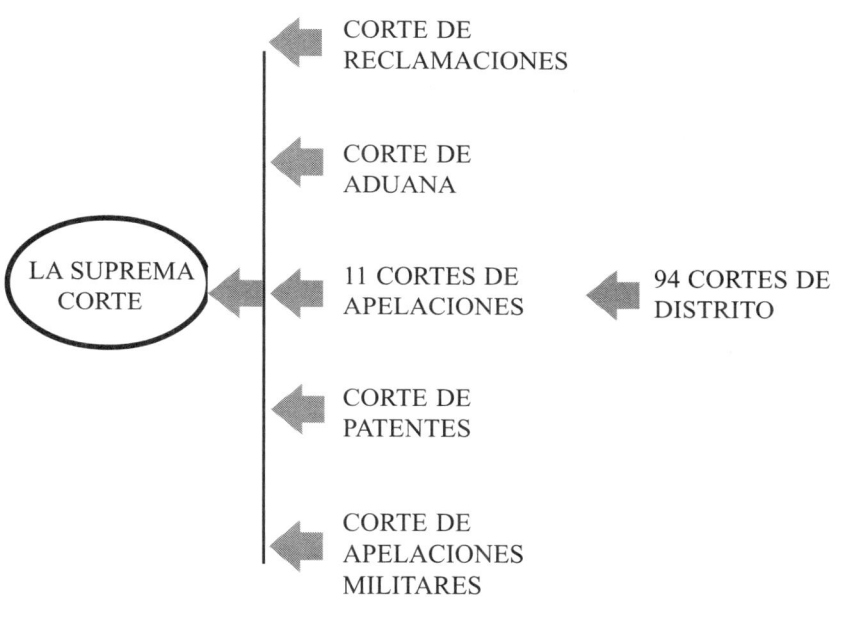

Las Interpretaciones de la Constitución hechas por la Corte Suprema han iniciado extraordinarios cambios sociales y políticos. En el área de los derechos civiles, la Corte Suprema ha sido fuerte y definitiva. Con una célebre decisión, la Corte prohibió la separación de razas en el sistema escolar de todo el país. Afirmó que no podía haber discriminación por motivos de raza, de color de la piel, de origen nacional, de sexo (género), o de religión. Otro dictamen afirmó la protección federal a todas las personas con impedimentos físicos o mentales.

En el área laboral, prohibió la utilización de fondos federales donde se practicara la discriminación. Esta decisión prohibió la discriminación en contra de personas por razones de edad. Tampoco se permite la preferencia a una persona joven si a la vez se niega el empleo a una persona mayor de igual habilidad o categoría. No se permite la discriminación laboral en contra de un residente temporal, permanente o ciudadano, por hablar el inglés con acento o tener la piel morena o oscura.

MIRANDA v. ARIZONA

El caso *Miranda* contra el estado de Arizona es muy importante porque a partir de este caso el derecho miranda entro en vigencia para todo sospechoso o acusado. Antes de interrogar a un sospechoso, un policía tiene la obligación de advertirle al acusado de sus derechos. Es decir, no se admitirá la confesión de un acusado en un juicio si no se le informa de antemano de que tiene el derecho de guardar silencio, de consultar con un abogado, y de que todo lo que diga podrá usarse en su contra.

LAU v. NICHOLS

El caso *Lau v. Nichols* resolvió la protección de los niños bilingües. Lau era un estudiante chino que no sabía inglés y que sus padres querían que recibiera una educación igual y de la misma calidad a la que recibían los niños estadounidenses. Nichols era el superintendente de las escuelas públicas de la ciudad de San Francisco, California. La Corte Suprema decidió que la educación de todos los niños debería ser igual. A pesar de que el estudiante tuviera conocimientos limitados del idioma inglés, tendría que dársele la misma oportunidad de aprender aunque tuviera que utilizarse la lengua nativa del estudiante como medio de enseñanza.

Para cumplir con este mandato, el congreso tuvo que aportar dinero para instituir un programa de educación que respondiera a las necesidades de los estudiantes que no dominaban bien el inglés. Esta decisión tuvo repercusiones en todo el país. Todos los distritos escolares tuvieron que instituir clases especiales para satisfacer el mandato de la Corte Suprema. Incluso el Congreso aportó millones de dólares para implementar esta decisión.

La opinión pública puede cambiar y existe la posibilidad de negar una educación completa a estudiantes que no entienden el inglés lo suficiente bien como para competir con los de habla inglesa.

EJERCICIOS:

SECCION A: CONTESTE LO SIGUIENTE.

1. ¿Cuál es la función del poder Judicial?

2. Si un acusado cree que no recibió justicia en el primer Juzgado de Distrito, ¿qué puede hacer? ¿Por qué es importante la oportunidad de apelación de una decisión?

3. ¿Por qué hay política en el nombramiento de un juez? Dé un ejemplo de esta situación bajo los Presidentes Reagan, Bush o Clinton.

4. ¿Qué poderes tiene el Congreso sobre el Presidente en el nombramiento de jueces?

5. ¿Qué poderes tiene la Corte Suprema sobre el Congreso y el Presidente?

6. Nombre los jueces de la Corte Suprema.

7. Haga una lista de las diferentes cortes federales.

8. ¿Qué consecuencias tiene una decisión de la Corte Suprema? ¿Qué características debe de tener un juez?

SECCION B: COMPLETE LAS SIGUIENTES FRASES.

9. Las funciones de la Corte Suprema son
   a. _____ b. _____
   c. _____ d. _____

10. La Corte Suprema se encuentra en el poder _____ del gobierno.

11. _____ nomina a los candidatos a jueces federales.

12. _____ puede negarse al nombramiento de un juez.

13. Hay _____ jueces en la Corte Suprema .

14. Nombre una juez de la Corte Suprema _____.

15. Si uno no está de acuerdo con la decisión del jurado puede _____ la decisión.

16. El acusado empieza en la corte _____; si apela la decisión lo mandan a la corte _____: y si apela esa decisión, la corte _____ juzga el caso.

SECCION C: ESCOJA LA RESPUESTA APROPIADA.

17. ¿Cuántos jueces hay en la Corte Suprema?
    a. hay dos jueces
    b. hay nueve jueces
    c. hay cinco jueces

18. ¿En cuál poder del gobierno federal se ubica la Corte Suprema?

    a. en el poder ejecutivo
    b. en el poder legislativo
    c. en el poder judicial

19. ¿Quién nomina a los jueces federales?
    a. los senadores
    b. el presidente
    c. el Congreso

20. ¿Cuántos años pueden durar los jueces federales en el puesto?
    a. veinte años
    b. ocho años
    c. por vida

21. ¿Quién aprueba el nombramiento de los jueces federales?
    a. el Presidente
    b. el Congreso
    c. el pueblo

22. Si una persona no acepta la decisión de un juez, puede
    a. apelar el caso
    b. llamar a su congresista
    c. escribir una carta

23. ¿Cuántas mujeres ejercen en la Corte Suprema?
    a. ocho mujeres
    b. una mujer
    c. dos mujeres

24. La función de La Corte Suprema es
    a. escribir las leyes
    b. reforzar las leyes
    c. interpretar las leyes

SECCION D: ¿EN CUAL CORTE SE JUZGAN LOS SIGUIENTES CASOS?

25. A un capitán se le acusa de un crimen.
    a. la Corte de Aduanas
    b. la Corte de Reclamaciones
    c. la Corte de Apelaciones Militares
    d. la Corte de Apelación de Patentes

26. Usted inventó un desarmador eléctrico, una compañía lo fabrica sin compensarlo.
    a. la Corte de Aduanas
    b. la Corte de Reclamaciones
    c. la Corte de Apelaciones Militares
    d. la Corte de Apelación de Patentes

27. Una empresa fabrica artículos y los cruza de contrabando por la frontera.
    a. la Corte de Aduanas
    b. la Corte de reclamaciones
    c. la Corte de Apelaciones Militares
    d. la corte de Apelación de Patentes

28. Una empresa no cumple un contrato con el gobierno.
    a. la Corte de reclamaciones
    b. la Corte de Aduanas
    c. la Corte de Apelaciones Militares
    d. la Corte de Apelación de Patentes

CAPITULO DIEZ
EL GOBIERNO ESTATAL

INFORMACION QUE EL ALUMNO DEBE CONOCER:

1. Identificar el nombre del estado en el que vive.

2. Localizar el estado en un mapa.

3. Identificar la capital del estado en que vive.

4. Nombrar gobernador(a) del estado.

5. Describir la función del gobierno del estado.

6. Describir la estructura del gobierno del estado.

7. Nombrar los servicios del gobierno del estado.

8. Describir la estructura del gobierno municipal.

9. Identificar el nombre del condado en que vive.

10. Identificar la ciudad en que vive.

11. Nombrar los servicios que proporciona el gobierno del condado.

12. Nombrar los servicios que proporciona el gobierno municipal.

LOS ESTADOS Y LA CONSTITUCION

Cuando se promulgó la Constitución en 1787, los fundadores del país querían garantizar que ninguna persona o grupo fuera a controlar el gobierno en la forma en que los monarcas y los emperadores lo hacían en Europa. En la Convención Constitucional de Filadelfia, los representantes de las colonias querían limitar el poder del nuevo gobierno federal. Los estados se reservaron para sí mismos todos los poderes no otorgados al gobierno federal. Diseñaron una estructura que garantizaba un equilibrio de poderes entre los estados y el gobierno federal, y un equilibrio entre los estados mismos. Para que el gobierno continuara operando sin grandes interrupciones, los fundadores del país determinaron que todos los estados que quisieran ingresar a la unión en el futuro, tendrían que tener la misma forma de gobierno que los trece estados originales. Para incorporase a la unión americana cada estado tuvo que organizar un gobierno. Los poderes, como en el gobierno federal, se dividieron en tres: legislativo, ejecutivo y judicial.

La Constitución requirió que todos los estados tuvieran una constitución estatal. En algunos casos los estados y el gobierno federal cooperarían al proveer los servicios de salubridad, de asistencia pública, y de programas especiales para mejorar las condiciones de vida de la población. La Constitución afirma también que la ley federal será superior a la ley del estado y que los estados deberán respetar las leyes del Congreso y las decisiones de la Corte Suprema de la nación.

PODERES DEL ESTADO

Los estados tienen el poder de establecer gobiernos locales, conducir elecciones, ratificar enmiendas a la Constitución, regular el comercio dentro del estado, y mantener un sistema de educación pública. También tiene el poder de establecer una milicia estatal, mirar por el bienestar de las personas incapacitadas o enfermos mentales. Y en términos generales, usar los poderes reservados a los estados que no están prohibidos a los estados por la Constitución de los Estados Unidos.

Los formadores de la constitución federal reservaron a los estados los poderes no dados al gobierno federal. Dentro de su propio estado, los ciudadanos pueden establecer las leyes que quieran mientras no estén en conflicto con las leyes federales. Por ejemplo, los estados no pueden acuñar su propia moneda ni un gobernador puede declarar la guerra a un país extranjero. Un gobernador tampoco puede entrar en acuerdos con otras naciones ni tomar los poderes que le pertenecen a la Secretaría Federal de Relaciones Exteriores. Estos poderes están reservados al gobierno federal. El gobierno estatal tiene y posee todos los derechos que no están mencionados en la Constitución.

LA ESTRUCTURA DEL GOBIERNO ESTATAL

Cada estado de la unión americana tiene su propia constitución. La constitución del estado sigue la estructura de la Constitución federal. Igual que la Federal, la estatal consiste de un preámbulo, artículos estructurales del gobierno, Carta de Derechos, y métodos para enmendarla.

Los estados tienen leyes especiales que gobiernan a sus habitantes y éstas no pueden estar en conflicto con la ley federal. Al igual que la Constitución federal, la del estado es una constitución viviente y puede ser enmendada cuando exista la necesidad, o cuando los derechos del individuo tengan que ser protegidos. A veces los estados promulgan leyes sobre los derechos civiles antes de que la Corte Suprema haya tratado el tema.

EL/LA EJECUTIVO: GOBERNADOR o GOBERNADORA

Se le llama gobernador o gobernadora al funcionario ejecutivo del estado. Un candidato a la gubernatura debe de ser mayor de 30 años de edad, ser ciudadano y residente del estado en que reside. El período del gobernador dura cuatro años. El candidato puede ser reelegido.

EL GOBIERNO ESTATAL

EL PODER EJECUTIVO

EL GOBERNADOR

EL TENIENTE GOBERNADOR

LOS JEFES DE DEPARTAMENTO

(EL GOBIERNO ESTATAL) **EL PODER EJECUTIVO**

EL SENADO

LA ASAMBLEA

EL PODER JUDCIAL

EL JUEZ DE PAZ

(LA SUPREMA CORTE ESTATAL) LA CORTE JUVENIL

Al igual que el Presidente de los Estados Unidos, el gobernador es el administrador del estado. Entre sus poderes está la de aprobar o rechazar las leyes que llegan a su escritorio. Por virtud de su oficio, el/la ejecutivo está al frente de la Guardia Nacional de su estado. Entre otras funciones, puede perdonar a reos (prisioneros) condenados a muerte y reducir las sentencias de los presos. En el caso de la muerte del gobernador, el teniente gobernador asume el poder.

Para administrar el estado, el gobernador tiene un consejo de administradores o secretarios que le ayudan a administrar los asuntos diarios del estado. El Secretario del estado mantiene los archivos oficiales; el Procurador General de Justicia es el abogado del estado; el Tesorero paga las cuentas estatales de los impuestos recaudados; el Auditor verifica las cuentas y los asuntos financieros y se encarga de varias comisiones que mantienen al gobierno en buen estado financiero.

El gobierno del estado tiene algunos empleados que son nombrados por el gobernador y otros que son elegidos por la ciudadanos. Los jefes de muchos de los departamentos importantes como el Procurador, Tesorero o Superintendente de Educación Pública son elegidos por voto popular. En algunos estados el Teniente Gobernador es elegido igual que el gobernador. En algunos casos el Teniente Gobernador puede pertenecer al partido opuesto. Las diferentes dependencias del estado forman el gabinete estatal.

Existe un equilibrio del poder porque muchos de los funcionarios estatales son elegidos por el pueblo y no le deben el puesto al gobernador.

El gobierno del estado emplea a muchas personas desde jefes de departamentos a empleados de menos categoría. Los burócratas (oficinistas) y empleados del estado son protegidos por medio de un sistema laboral que se llama Servicio Civil (Civil Service). Para entrar al servicio civil es necesario tomar un examen para calificar a cierto puesto. A veces los departamentos emplean a personas ya en el sistema del servicio civil o hacen anuncios públicos para atraer candidatos para llenar una posición. Todos los candidatos calificados pasan a formar parte de una lista donde pueden ser seleccionados. Cuando se anuncia una posición, los candidatos con la más alta puntuación en el examen del servicio civil son invitados a una entrevista. Después de las entrevistas, generalmente se le ofrece la posición a un individuo. Pasado un período de prueba, generalmente de seis meses, el empleado pasa a ser un empleado permanente bajo la protección del servicio civil. La protección del servicio civil es importante porque un empleado no puede ser despedido caprichosamente sin haber una buena razón. Si hay cambio de gobernador, por ejemplo, los empleados protegidos por el servicio civil siguen trabajando en el gobierno. Si los jefes de los departamentos son nombrados por el gobernador, al terminarse el período del gobernador, esos jefes salen con el gobernador. El nuevo gobernador nombra a su propia gente.

EL PODER Y LOS PARTIDOS POLITICOS

El Gobernador generalmente es partidario de uno de los partidos políticos, ya sea Demócrata o Republicano. El partido que esté en el poder controla a los jefes de los departamentos estatales y de esa forma impone su filosofía política.

Los gobernadores, al igual que los presidentes, tienen el derecho de escoger a los jefes de los departamentos que sean leales a su partido. Pero todos los nombramientos deben ser confirmados por la Legislatura del Estado. Por ejemplo, en California, el gobernador no escoge al teniente gobernador. El teniente gobernador es un funcionario electo y puede asumir el poder si el gobernador viaja fuera del estado, se encuentra incapacitado o muere.

LA LEGISLATURA ESTATAL

La Legislatura del estado se divide en dos cámaras, con la excepción del estado de Nebraska que solamente tiene una cámara. Las dos cámaras son la Asamblea o cámara de representantes y el Senado. La función de la Legislatura es promulgar leyes y representar los intereses de los ciudadanos que los eligen. Los legisladores se conocen por diferentes títulos, asambleístas, delegados, o representantes.

ASAMBLEA O CASA DE REPRESENTANTES

Los términos de los representantes oscilan entre dos o cuatro años y varían de estado a estado. Algunos estados han puesto límite al número de años que un representante puede servir en la legislatura . En otros estados no existe un límite y pueden servir cuantas veces sean reelectos. En algunos de los estados los representantes no son de tiempo completo y se reúnen unos cuantos meses al año o una vez cada dos años para decidir el presupuesto o aprobar leyes. En California y Nueva York, por ejemplo, la carrera de representante es de tiempo completo. Para ser candidato, la persona tiene que tener un mínimo de 21 años, ser ciudadano del estado y debe de haber vivido en el estado el mínimo de tres años antes de postularse al puesto electivo.

Los legisladores generalmente forman comités para analizar y proponer leyes. Los miembros del comité estudian el proyecto de ley (bill). Cada proyecto tiene un fin específico que trata de alguna necesidad de los ciudadanos o del estado. Uno de los comités más poderosos es el comité de finanzas. Este comité estudia los proyectos y los considera en relación a su costo y la cantidad de impuestos que requieren si son aprobados.

Antes de recomendar un proyecto de ley, es necesario que el comité tenga audiencias públicas para dar una oportunidad a los ciudadanos interesados a que hagan comentarios. Es importante que los ciudadanos tengan la oportunidad de expresar su punto de vista. Después de oír los argumentos de ciudadanos y expertos a su favor o en su contra, los miembros del comité someten su recomendación a la Asamblea o Casa de Representantes. En la discusión del proyecto de ley, los representantes escuchan y pueden ofrecer enmiendas antes de llegar al voto. Los representantes tienen la obligación de aprobar o rechazar el proyecto de ley. Si recibe un voto favorable, el proyecto de ley se envía al Senado donde pasa por un proceso similar. Si las dos cámaras lo aprueban, el proyecto se envía al gobernador para su firma. El gobernador tiene dos opciones a su disposición, aprobar o vetar la propuesta. El equilibrio del poder ocurre cuando ambas cámaras quieren que se apruebe y el gobernador se opone. Las dos cámaras pueden cancelar la oposición del gobernador si dos terceras partes de ellos votan a su favor.

El nombramiento a comités es uno de los privilegios más importantes para los partidos políticos. Los legisladores pueden esperar años antes de ser nombrados a presidir sobre comités de importancia. Presidir sobre un comité importante significa tener poder e influencia. Para recibir la aprobación de un proyecto de ley, a veces es necesario llegar a un acuerdo con otros representantes que desean añadir o cambiar el proyecto. El número de comités de estado a estado puede variar. La mayoría de las legislaturas tienen un promedio de 20 comités provisionales o permanentes para tratar los asuntos del estado. Un legislador típico puede servir en tres a cuatro comités, dependiendo de su interés y en la suerte de ser nombrado.

Los representantes tienen que atender a las necesidades de su distrito. El valor de un legislador se mide por el beneficio que trae a su distrito. Si representa bien a los votantes de su distrito, le van a reelegir. La habilidad de atraer dinero a su distrito comúnmente se llama "pork barrel," es decir, ir al "barril" y sacar lo más que se pueda para sus votantes. Por ejemplo, Si hay cien millones de dólares para reparar caminos y carreteras, y un legislador logra que el 50% del dinero beneficie su distrito, el cumplió con complacer a sus votantes para que lo vuelvan a elegir.

EL SENADO

Cada estado tiene diferentes requisitos para determinar el número de representantes que la constitución autoriza. La Constitución del estado de California, por ejemplo, autoriza 80 representantes en la Asamblea y 40 senadores. Otros estados como los pequeños estados de Vermont y New Hampshire eligen 150 y 400 representantes respectivamente. En la mayoría de los Estados los senadores son elegidos por un período de cuatro años, mientras que los representantes son electos por dos años. Estados como Louisiana, Alabama y Mississippi establecieron un período igual de cuatro años para los representantes y senadores estatales. Para ser candidato al Senado, la persona debe residir en el distrito que representa por lo menos un año; ser ciudadano del país; y haber residido en el estado por tres años inmediatamente antes de postularse al puesto. Este requisito puede variar de un estado a otro. En la mayoría de los estados, una tercera parte de los senadores son elegidos en cada período electoral. De esta manera se asegura de que siempre haya un grupo con experiencia que atienda a las necesidades del estado.

LAS CORTES ESTATALES:

Las cortes del estado interpretan y aplican las leyes estatales. El sistema judicial estatal es muy importante a la operación del gobierno. Al interpretar o aplicar la ley, las cortes ayudan a resolver los conflictos entre negocios o quejas que un ciudadano tenga de otro ciudadano. Las cortes estatales también administran la justicia y castigan a los que violan la ley estatal. Las cortes del estado son importantes porque las leyes del estado son importantes. La mayoría de los casos tienen que ver con asesinatos, asaltos, robos o manejar (conducir) bajo la influencia de alcohol o drogas. Casi todos los casos pueden dividirse entre dos categorías, casos civiles y casos criminales.

Los casos civiles generalmente tratan de disputas entre dos o más individuos u organizaciones. El conflicto puede ser sobre derechos de propiedad, entre un alquiler (rentero) y el dueño del apartamento o casa, o el incumplimiento de un contrato de un plomero o electricista. Los casos civiles pueden resultar de daños de un accidente de tráfico o una disputa con un vecino.

Los casos criminales son el resultado de haber violado la ley estatal. Los casos criminales pueden ser violaciones de infracciones menores (misdemeanor) como el cruzar la calle en luz roja, tirar basura en la calle, o el no pagar un multa de estacionamiento. Una felonía es un crimen serio. Un ejemplo de una felonía es traficar con drogas, asesinato, o asalto con arma de fuego o arma blanca. Tratándose de crímenes serios, las cortes del estado tienen el derecho de intervenir.

LA ESTRUCTURA DE LOS TRIBUNALES ESTATALES

La mayoría de las cortes (tribunales) estatales tienen las mismas funciones aunque pueden llevar nombres diferentes. Casi todos los estados dividen el sistema de cortes en tres divisiones, cortes menores, cortes mayores y cortes de apelaciones.

LAS CORTES MENORES

Las cortes menores, como el nombre lo dice, tratan de casos pequeños y generalmente limitan los daños a no más de mil dólares y a sentencias de cárcel de menos de un año. La corte mejor conocida de esta categoría es la del Juez de Paz. El juez de paz tiene el poder de unir a personas en matrimonio, pasar juicio en casos menores civiles y felonías y certificar la legalidad de documentos. Dentro de esta categoría, las cortes municipales o cortes policiales funcionan como cortes menores. Estos tribunales tratan crímenes menores o disputas de propiedad. También dentro de esta categoría están las cortes de pequeñas reclamaciones que tratan disputas de daños a propiedad o cantidades de dinero que son pequeñas. Las cortes juveniles escuchan los casos de abandono de menores, abuso de menores y de jóvenes menores de 18 años. Las cortes de relaciones domésticas escuchan disputas entre marido y esposa o disputas entre miembros de la familia. Las cortes de tráfico escuchan los casos que tienen que ver con infracciones de tránsito o multas de estacionamiento. Finalmente, las cortes testamentarias escuchan los casos de propiedad de personas que mueren dejando un testamento o de las personas que mueren sin hacer testamento.

LOS TRIBUNALES (CORTES) MAYORES

Las cortes o tribunales mayores o superiores tratan casos más serios que los tribunales menores. Estos tribunales escuchan casos de tipo civil o criminal serios, tales como asesinatos, incendios, asaltos y robos. Los nombres de estos tribunales pueden llamarse tribunales del condado, tribunales de distrito, o tribunales de circuito.

LOS TRIBUNALES DE APELACION

Las cortes de apelación también se les conoce como tribunales intermediarias. Es decir, si un ciudadano siente que no se le hizo justicia o que hubo irregularidades de parte de los abogados o jueces, el individuo tiene el derecho de hacer una apelación. Este tribunal es muy importante porque por medio de este sistema judicial, la sociedad puede asegurarse de que una persona tiene la oportunidad de declararse inocente si se siente defraudada. Bajo este sistema, cualquiera persona, por más humilde que sea, puede apelar un juicio si cree que no se le hizo justicia. No todos los casos llegan al tribunal de apelación. Hay tres condiciones que el tribunal ha establecido para poder escuchar el caso. Cualquiera de las siguientes razones tienen que estar presente para llegar al tribunal de apelación. Si el afectado alega que ha encontrado nueva evidencia que afecta al caso, o que el juicio que se llevó a cabo fue injusto, o si la ley estatal que se aplicó es inconstitucional, el tribunal escucha el caso. El Tribunal de Apelación puede decidir el caso, pero si la persona todavía no cree que ha obtenido justicia, puede apelar a la Corte Suprema del Estado.

LA CORTE SUPREMA

El sistema judicial ha pensado en todas las posibilidades para asegurar que nadie inocente sea sentenciado injustamente. La última palabra en el sistema estatal es la Corte Suprema del Estado. La función de la Corte Suprema del Estado es la de interpretar la constitución y sus leyes. Si los abogados pueden probar que las cortes inferiores o superiores interpretaron mal la ley, la Corte Suprema puede decidir el caso. La Corte Suprema repasa los casos y si encuentra que se ha cometido una injusticia, tiene el derecho de corregir o restaurar a la persona a su completa inocencia. Los Estados Unidos es un país de leyes y el estado está obligado a proteger a todos sus ciudadanos. Los casos que llegan a la Corte Suprema estatal pueden pasar también al tribunal más alto de la nación. De esta manera, el sistema judicial puede asegurar que ninguna persona inocente sea declarada culpable.

LAS RELACIONES FISCALES

Los gobiernos estatales y federales comparten muchas responsabilidades fiscales. Ambos gobiernos tienen el derecho de recaudar impuestos y mantener la operación del gobierno. El Gobierno Federal a veces regresa parte de los impuestos recaudados al estado para propósitos especiales. Un caso concreto es la aportación monetaria para establecer escuelas especiales que impartan clases de inglés y ciudadanía a las personas que calificaron bajo el programa de Amnistía de 1986. En otros casos, la aportación federal es regresada al estado sin ninguna condición, y el estado puede invertirla como mejor le parezca.

EL CONDADO

El condado es la región geográfica más grande en el estado. Los poderes que la constitución estatal da a esta jurisdicción son de supervisar las elecciones, el mantenimiento de estadísticas y archivos y administrar servicios esenciales.

El condado generalmente cubre una extensión de terreno mayor que una ciudad y abarca varias ciudades dentro de su jurisdicción. Para administrar los asuntos del condado se eligen supervisores. Los residentes del condado tienen que obedecer las leyes municipales y las del condado, aparte de las leyes estatales y federales.

Los condados se conocen por diferentes nombres. En California como en muchos otros estados, se llaman condados. En Alaska, la división de los estados se conoce como villas o municipios (boroughs) y en Louisiana son parroquias (parishes).

Los condados se administran por un grupo de personas elegidos por los ciudadanos. El número de comisionados (commissioners) o supervisores (supervisors) varían de condado a condado. No hay separación de poderes en el gobierno local. El condado recauda impuestos, aprueba el presupuesto y hace recortes presupuestales cuando es necesario. Es su deber proteger el bienestar de la población. Los comisionados o supervisores son como los legisladores estatales en el sentido de que aprueban leyes conocidas como ordenanzas (ordinances).

Los supervisors administran el condado. La administración se lleva a cabo por diferentes departamentos. La estructura puede variar de condado a condado pero las funciones de los departamentos son iguales: salubridad, impuestos sobre bienes y raíces, permisos y licencias; manejo de despojos (waste management); registro civil, y finanzas. Los supervisores pueden crear nuevos departamentos según la necesidad y el interés de los ciudadanos. Como cuerpo ejecutivo, los supervisores ven que se lleven a cabo los programas para el bienestar de los ciudadanos. Ellos tienen el poder de emplear o nombrar a los funcionarios y aprobar empleados de los departamentos.

Además de los supervisores, los ciudadanos eligen a otros funcionarios para administrar los departamentos. Unos de los funcionarios muy importantes son los jueces. Estos jueces supervisan casos de juicios locales tal como los divorcios y casos criminales.

Si hay sospecha de un crimen en la muerte de una persona, se llama a un médico patólogo, es decir un pesquisidor (coroner) que investiga la causa del fallecimiento. Esta persona es un médico especialista en homicidios y suicidios. El médico patólogo tiene la obligación de acertar la causa y la hora cuando la víctima falleció. Cuando se tiene todo en orden se hace un informe de la evidencia ante un gran jurado.

Cada año los ciudadanos reciben el cobro de impuestos sobre la propiedad del auditor o tesorero del condado. Este dinero se deposita en la cuenta del condado para sostener los gastos de la administración. Por ley el auditor tiene que revisar todas las cuentas y examinar los depósitos y pagos de los departamentos. El asesor tiene que asesorar o evaluar el valor de las propiedades y calcular la cantidad que cada propietario tiene que pagar de impuestos.

EL GOBIERNO LOCAL

Los gobiernos locales son pequeñas unidades gubernamentales. Según la Constitución, todos los estados deben de tener un gobierno democrático. En la mayoría de los estados los gobiernos locales se dividen en ciudades y condados o parroquias.

Todo ciudadano vive bajo leyes de diferentes niveles de gobierno. Las leyes protegen los derechos civiles y los unidades administran los servicios para que el pueblo pueda actuar en su vida cotidiana confiando en esa protección. El gobierno no consiste solamente de leyes y reglamentos. Estos gobiernos son una fuente de empleo para miles de ciudadanos. La fuerza laboral consiste de administradores, secretarias, contratistas, albañiles, carpinteros, doctores, enfermeras, trabajadores sociales, bomberos, policías, consejeros, y muchas otras personas que prestan servicio a los residentes.

Por ley constitucional el estado controla y rige los gobiernos locales, sean condados o ciudades. Las obligaciones y poderes de los municipios y otras dependencias están escritas en las constituciones estatales. El estado también tiene el poder de regular el tipo de impuestos los municipios o condados pueden cobrar. Igual que el gobierno estatal, las ciudades y condados tiene que presentar un presupuesto libre de deudas cada año. Es decir, por ley el presupuesto tiene que empezar el año fiscal con cero de deudas. Los administradores tienen que asegurar anualmente que no se sobrepasarán de lo ya presupuestado.

Las dependencias locales tienen que someter reportes frecuentemente a las agencias estatales. Para llevar a cabo las decisiones de los legisladores, las agencias estatales dan consejo y ayuda técnica. Muchas veces si el gobierno local no toma la responsabilidad por algún proyecto, el estado puede demandar al municipio o condado. Por ejemplo, si el municipio o condado no colecta la basura, esto pone en peligro la salud de los ciudadanos. El gobierno estatal puede detener los fondos hasta que la entidad esté en cumplimiento.

Sin embargo, la tradición de auto-democracia es fuerte en la historia de los Estados Unidos. El gobierno estatal autoriza la creación de ciudades y condados. El gobierno estatal da al municipio o condado el derecho de auto-gobierno (Home rule). Las gobiernos locales aceptan esta responsabilidad que les otorga la constitución del estado. Este tipo de poder da a los gobiernos locales la oportunidad de escoger la forma de gobierno que mejor les convenga.

EL PLAN DE ALCALDE Y CABILDO

Los ciudadanos de la ciudad tienen el derecho de elegir el tipo de gobierno que les agrada. Un tipo de gobierno se llama el plan de «alcalde y cabildo» (mayor and council plan). Los ciudadanos eligen a un alcalde o a un presidente municipal para administrar los asuntos de su ciudad. Dependiendo del tamaño de la ciudad, se eligen otros administradores adicionales llamados cabildos o concejales. Los cabildos promulgan leyes y refuerzan las decisiones tomadas para el buen manejo de la ciudad.

Este plan divide los poderes. Los cabildos dictan ordenanzas para la ciudad. En la mayoría de los casos, el alcalde tiene el privilegio de negarse a firmar la ordenanza por medio del veto. Como en otros cuerpos legislativos, los cabildos pueden vencer el veto con la mayoría de dos tercios.

En este plan, los ciudadanos también eligen a la tesorera y otros funcionarios necesarios para administrar la ciudad. De esta manera los administradores electos están bajo la responsabilidad de la ciudadanía y no bajo el alcalde o cabildos. El alcalde y los cabildos nombran a personas a mesas directivas o comisiones especiales. En la mayoría de los casos también emplean a los administradores del departamento de policía, de los bomberos, de salubridad, y otros.

EL PLAN DE CABILDO Y EL ADMINISTRADOR:

En este plan, los ciudadanos eligen a los miembros del cabildo. Uno de estos, se nombra el alcalde. Los cabildos emplean a una persona que administra la ciudad. El administrador es la persona que emplea a los directores de los diferentes departamentos. El administrador responde a los cabildos y los empleados responden directamente al administrador de la ciudad.

Esta forma de gobierno divide la responsabilidad de administrar la ciudad en dos partes. Muchos ciudadanos decidieron esta forma porque se dieron cuenta de que había mucha política en el momento de hacer decisiones. El administrador generalmente es una persona libre de las presiones políticas y trata de hacer decisiones de una manera profesional.

EL PLAN DE COMISIONADOS

Algunas ciudades prefieren el plan municipal de comisionados. Este plan consiste de un consejo de cinco o más comisionados elegidos por los ciudadanos. Cada uno de ellos es responsable por un departamento. Bajo este plan los comisionados seleccionan al alcalde entre ellos mismos y se turnan el puesto con frecuencia.

LOS DISTRITOS ESPECIALES

Los distritos especiales son divisiones entre los condados que se instituyeron para dar servicios especiales. Un ejemplo muy común es el distrito escolar. Los distritos tienen los mismos límites que los condados o ciudades. Dependiendo de la incorporación a nivel condado o municipio, los límites geográficos del distrito corresponden a la ciudad o al condado. Algunos abarcan varias ciudades y se conocen como distritos unificados. Los distritos especiales recaudan impuestos para pagar los costos de mantener las escuelas abiertas.

Para mantener un sistema de educación pública gratuita para todos los niños, hacen falta maestros, construir escuelas, y administradores. Los distritos escolares reciben los fondos de los impuestos recaudados. Estas escuelas son administradas por las personas elegidas a la mesa directiva escolar. Las personas que buscan estos puestos no reciben salario porque es parte de la responsabilidad cívica de prestar este servicio gratuitamente. La mesa directiva escolar decide los programas educacionales que afectan a la educación de los estudiantes, fija los salarios de los empleados, y mantiene los planteles en buen estado.

LOS OFICIALES LOCALES

Los candidatos locales se postulan para puestos electivos. Estos candidatos pueden ser sus vecinos. Es de suma importancia que el ciudadano llegue a conocer a estas personas personalmente porque, una vez elegidas, promulgan leyes que afectan su vida y su economía.

LA IMPORTANCIA DE LA DEMOCRACIA

Todo ciudadano debe conocer la importancia de un gobierno fuerte y justo. Pero a la misma vez, los ciudadanos deben estar alertos para no permitir que ningún grupo de politicos o de intereses creados se apoderen del gobierno.

La mejor manera de asegurar de que el gobierno funcione bien para el beneficio de todos los ciudadanos es por medio del voto. Es decir, todo ciudadano mayor de 18 años de edad debe de registrarse para votar. En segundo lugar, los ciudadanos deben participar en el proceso electoral para asegurarse de que el mejor candidato sea electo. Lo más importante aún es que el individuo común se interese y se prepare para algún puesto electoral. La democracia es tan importante que todos debemos interesarnos en mantener el mejor sistema de gobierno que responda a las necesidades de la comunidad. Es la obligación de cada ciudadano votar y vigilar a los politicos y administradores del gobierno. Si los ciudadanos no votan, ellos están invitando a que otros hagan las decisiones por ellos. El ciudadano que no vota se merece el gobierno que le toca.

EJERCICIOS:
SECCION A: CONTESTE LO SIGUIENTE.

1. Localice el lugar y señálelo en el mapa
   a. el estado en donde vive
   b. el condado en donde vive
   c. cinco ciudades importantes
   d. la capital del estado
   e. los estados que colindan con su estado

2. ¿Cuáles son las responsabilidades del gobierno estatal?

3. ¿Qué tipo de equilibrio hay entre el gobierno federal, el gobierno estatal, y el gobierno local?

4. ¿Por qué es importante la separación de poderes?

5. ¿Por qué tienen la misma forma de gobierno todos los estados?

6. ¿Qué quiere decir que un gobierno es representativo?

7. ¿Qué ayuda otorga el gobierno federal al gobierno local?

8. ¿Cuáles son las responsabilidades del condado?

9. ¿Por qué fue crítica la Guerra Civil para el gobierno federal?

10. ¿Cómo protege la Constitución al individuo?

11. ¿Por qué fue necesario que el gobierno impusiera la ley de los Derechos Civiles sobre los estados? ¿Cuáles fueron las consecuencias de la imposición federal de la ley de los Derechos Civiles durante los años 1950 en adelante?

12. ¿Qué afecto tienen las decisiones de la mesa directiva escolar en su localidad?

13. ¿Cuántos latinos hay en el estado? ¿Cuántos diputados, senadores, asambleístas y otros oficiales municipales son latinos?

14. ¿Por qué cree que hay tan pocos latinos en puestos gubernamentales?

SECCION B: COMPLETE LAS SIGUIENTES FRASES.

15. _____ es el gobernador del estado.

16. _____ es el funcionario que sigue del gobernador.

17. _____ es la capital del estado.

18. El senador estatal que me representa es _____.

19. _____ es el asambleísta (representante) de mi distrito.

20. El poder _____ escribe las leyes en el estado.

21. El poder _____ refuerza las leyes del estado.

22. El poder _____ interpreta las leyes del estado.

23. El gobierno estatal está dividido en tres poderes:
    a. _____
    b. _____
    c. _____

24. _____ firma o rechaza las leyes escritas por el poder legislativo.

25. El estado tiene _____ senadores.

26. El reto de los estados del sur contra el gobierno federal causó _____.

27. La lucha por los derechos civiles se llevó a cabo en los años _____.

28. Los dos partidos políticos principales son _____ y _____.

29. El nombre del alcalde de mi ciudad es _____.

30. Los nombres de los supervisores del condado se llaman
    a. _____
    b. _____
    c. _____
    d. _____
    e. _____

31. La ciudad otorga los siguientes servicios:
    a. _____
    b. _____
    c. _____

32. _____ recauda impuestos para los servicios sociales y las escuelas públicas.

33. _____ dirige los asuntos escolares.

SECCION C: ESCOJA LA RESPUESTA APROPIADA.

34. Cuando una persona es acusada de un crimen, la Constitución le garantiza.
    a. dinero
    b. un abogado
    c. un jurado
    d. tiempo de cárcel
    e. una sentencia

35. Si usted recibe una multa por una infracción en la carretera, tiene que pagar por correo o presentarse a
    a. la Suprema Corte
    b. la corte de distrito
    c. la corte municipal

36. Los senadores forman parte del ramo
    a. legislativo
    b. ejecutivo
    c. judicial

37. Los asembleístas forman parte del poder
    a. legislativo
    b. judicial
    c. ejecutivo

38. Los jueces forman parte del poder
    a. legislativo
    b. judicial
    c. ejecutivo

39. El gobernador forma parte del poder
    a. legislativo
    b. judicial
    c. ejecutivo

40. El teniente gobernador forma parte del poder
    a. legislativo
    b. judicial
    c. ejecutivo

41. El período de los senadores estatales es de
    a. seis años
    b. dos años
    c. cuatro años

42. El período de los asembleístas estatales es de
    a. seis años
    b. dos años
    c. cuatro años

43. El período del teniente gobernador es de
    a. seis años
    b. dos años
    c. cuatro años

SECCION D: CONTESTE VERDADERO O FALSO A LAS SIGUIENTES AFIRMACIONES.

44. La Constitución estatal, ¿puede estar en conflicto con la constitución federal?

45. La Constitución estatal se puede cambiar.

46. El gobernador nombra al teniente Gobernador.

47. El gobernador necesita la aprobación del congreso para nombrar jueces estatales.

48. En California, se elige al teniente gobernador.

49. El gobernador tiene que tener más de cincuenta años para ser elegido.

50. El gobernador tiene un grupo de consejeros que le ayudan en la administración de los negocios del estado.

51. El pueblo elige a los miembros del consejo estatal.

52. El gobernador nombra los supervisores del condado.

53. El poder Ejecutivo escribe las leyes.

54. El condado recauda los impuestos para el mantenimiento de las clínicas.

55. Los impuestos pagan los sueldos de la policía.

56. El pueblo elige a los miembros de la mesa directiva escolar.

EL MONUMENTO A LINCOLN

Edificado entre los años 1914 y 1922 en la ciudad de Washington, D.C., conmemora al decimosexto presidente de los Estados Unidos. Abraham Lincoln no solo abolió la esclavitud sino que también protegió a la unión del país durante y después de la Guerra Civil.

El monumento simboliza la creencia de Lincoln en la libertad de cada persona. El monumento tiene 36 columnas que representa a cada uno de los estados que formaban la unión durante la Guerra Civil. En la cámara central se encuentra la estatua de un Lincoln que, sentado, ve hacia el monumento de Washington y el Capitolio. Su Segundo Discurso de toma de posesión y su famoso discurso de Gettysburg están grabados en dos inmensas losas de piedra.

CAPITULO ONCE
LOS DERECHOS CONSTITUCIONALES

INFORMACION QUE EL ALUMNO DEBE CONOCER:

1. Identificar el derecho de la inocencia del acusado.

2. Identificar el derecho de ser juzgado por un jurado.

3. Identificar el derecho de ser representado por un abogado.

4. Identificar el derecho de guardar silencio cuando hay el peligro de auto-incriminación.

5. Identificar el derecho de salir libre bajo fianza.

6. Explicar los derechos del individuo antes de ser arrestado.

7. Describir el derecho a un juicio y un jurado.

8. Identificar las etapas básicas de un juicio: el proceso de acusación formal; el juicio; el jurado; el veredicto del jurado; y la sentencia del juez o magistrado.

9. Identificar el número de miembros en un jurado.

10. Explicar el concepto: sin duda razonable.

LOS DERECHOS CONSTITUCIONALES

La Constitución de los Estados Unidos garantiza a todas las personas que habitan el país ciertos derechos innatos que no se le pueden negar. La Constitución, es la ley suprema de la nación que protege los derechos innatos. Estos derechos se basan por la frase de la Constitución: derecho a la vida, la libertad, y la búsqueda de la felicidad.

LA VIDA: Toda persona tiene el derecho a la vida y a ninguna persona se le puede negar.

LA LIBERTAD: Los redactores de la Constitución buscaban proteger los derechos del individuo a viajar, vivir y trabajar donde mejor le convenga. Buscaban asegurar que todos los derechos no reservados al gobierno federal y al estado pertenecerían al individuo.

LA BUSQUEDA DE LA FELICIDAD: Los fundadores de la Constitución querían garantizar que todos los individuos tuvieran, libre de discriminación, las mismas oportunidades de perseguir sus ideales y metas en la vida.

EL SISTEMA LEGAL INGLES

Para proteger los derechos del individuo, los fundadores de la patria basaron el sistema de leyes penales en el sistema legal inglés. El sistema inglés presupone que el individuo es inocente hasta que el estado compruebe, sin duda razonable, que es culpable. El estado tiene la obligación de comprobar que el individuo ha cometido un delito.

Este concepto legal significa que, aunque una persona sea culpable, debe ser puesta en libertad si el procurador no puede comprobar su culpabilidad.

Un recién inmigrado, que no está acostumbrado al sistema legal inglés, le es difícil comprender los conceptos básicos de este sistema. Los sistemas legales de Francia, España, México y el resto de

Latinoamérica tienen una base totalmente diferente. Los países latinos se derivan del sistema legal napoleónico y de los fueros españoles, donde el individuo es culpable hasta que se compruebe que es inocente. Otra característica importante es que en los países latinos no se practica el juicio por jurado. Además, los derechos de un acusado, bajo el sistema legal inglés de los Estados Unidos, son diferentes al sistema legal napoleónico de otros países y no ofrecen el mismo nivel de protección.

Otra diferencia singular es la de **habeas corpus**. Derecho de todo ciudadano, detenido o preso, a comparecer inmediatamente y públicamente ante un juez o tribunal para que, oyéndole, resuelva si su arresto fue o no legal, y si debe alzarse o mantenerse. Es decir, este concepto legal protege al individuo contra abusos de autoridad.

Ninguna corporación policíaca en los Estados Unidos debe forzar a un acusado a atestiguar en contra de sí mismo. La primera enmienda de la Constitución protege al individuo contra este abuso. Posteriormente, La Corte Suprema de la nación promulgó una decisión en el caso de *Miranda v. Arizona*. Todo individuo acusado de algún delito, al ser detenido, debe entender los derechos enumerados en el veredicto de Miranda vs Arizona. Cuando la policía arresta a un individuo y lo acusa de un crimen, debe leerle Los Derechos de Miranda en un idioma que el acusado entienda. Si no se leen los Derechos de Miranda al acusado, cualquier confesión que se obtenga no será valida como evidencia en un juzgado.

LOS DERECHOS MIRANDA

Usted tiene el derecho de guardar silencio. Si renuncia al derecho de guardar silencio, cualquier cosa que me diga, puede y va a ser usada en la corte en contra de usted. Tiene el derecho de hablar con un abogado que usted escoja antes de que se le haga el interrogatorio y tenerlo presente durante las preguntas. Si no tiene fondos para un abogado, la corte le asignará uno antes de que le hagan el interrogatorio. El abogado no le va a costar nada, los servicios son gratuitos.

¿Entiende usted cada uno de estos derechos que le he explicado?

¿Teniendo en mente lo que le he dicho y entendiendo sus derechos, ¿está usted dispuesto a hablar conmigo?

EL PROCEDIMIENTO PARA OBTENER EVIDENCIAS

Las autoridades legales deben seguir ciertos procedimientos específicos cuando acusan a un individuo de un delito. Cuando se ha cometido un crimen, los investigadores policíacos deben recoger las evidencias cuidadosamente. Durante la investigación, la policía debe tener cuidado de no abusar de los derechos civiles del individuo. Si la policía cree que necesita obtener ciertas evidencias en posesión del individuo, debe obtener una orden de cateo de un juez.

La orden de cateo tiene que ser específica en cuanto al lugar, los objetos o las personas que se procuran. Si la policía anda en busca de una pistola y encuentra droga, no puede acusar al individuo de posesión de substancias controladas. Si los investigadores muestran ante un juzgado evidencias obtenidas sin una orden de cateo, las pruebas se consideran inadmisibles.

Otra forma de investigación utilizada es la de hacer preguntas al acusado en conexión con un delito. Antes del interrogatorio, los policías deben leer los derechos de Miranda al acusado. La mejor protección contra el abuso de los derechos legales es exigir la presencia de un abogado y rehusar contestar las preguntas hasta tener asesoría legal. Todas las evidencias recogidas de esta manera podrán ser utilizadas en contra del acusado. Lo mejor es guardar silencio. Si el acusado es menor de edad, los padres deben de estar presentes y de preferencia con un abogado.

Si los investigadores creen tener las evidencias suficientes para detener a alguien, pueden acusarlo del crimen.

LA LIBERTAD BAJO FIANZA

La Constitución protege al acusado contra el encarcelamiento injusto. Este derecho innegable se protege con el sistema de libertad bajo fianza. A veces el acusado puede quedar libre bajo fianza con su propia firma. Es decir, si el riesgo es mínimo el individuo garantiza presentarse cuando le llamen a la corte a prestar su declaración.

La fianza la fija un juez. Si el juez cree que la palabra del individuo es insuficiente, fija una fianza monetaria para garantizar la comparecencia del acusado. Tampoco le es permitido al juez fijar una fianza fuera de lo común, a menos de que el caso sea demasiado severo, o exista el peligro de que el individuo vaya a huir. Si se le acusa de un crimen horrible, o si la persona es una amenaza para la sociedad, el juez tiene el privilegio de fijar la fianza en millones de dólares, o negarle la fianza en lo absoluto. Sin embargo, no le es permitido a un juez fijar una fianza elevada por un delito menor. La Constitución protege contra fianzas injustas.

EL HUIR DE UN ACCIDENTE

Es severamente castigado el huir de un accidente, aunque la persona sea inocente. Las consecuencias son muy severas en estos casos. Lleva más garantías el permanecer en el sitio que huir. La Constitución garantiza la protección de los derechos civiles y no hay necesidad de huir. Todo acusado es inocente hasta que se le compruebe que es culpable. Si hay heridos, es la obligación del individuo prestar ayuda y pedir auxilio.

LA GARANTIA DE ASESORIA LEGAL GRATUITA

Es una buena práctica consultar con un abogado, aunque cueste un poco de dinero. Según el dicho popular, *la persona que se defiende sola, tiene por abogado un ignorante.* Si el acusado no tiene recursos *para pagar un abogado*, la corte le asigna un defensor público sin costo alguno. El acusado debe decir la verdad a su abogado para que le pueda defender debidamente. La corte respeta el derecho de confidencia que existe entre un abogado y su cliente. Es el mismo concepto de secreto de confesión que existe entre un sacerdote y un fiel.

La Constitución garantiza la libertad y protección contra el encarcelamiento falso. Un acusado no puede ser condenado a prisión sin haber sido juzgado culpable. Cuando el individuo es llevado a la corte y se le acusa formalmente, el juez decide si la persona califica para quedar libre bajo fianza. El abogado defensor entonces pide que se fije una cantidad. El acusado o su familia tiene que garantizar la cantidad señalada en caso de que la persona huya. Esto puede significar la pérdida de miles de dólares.

EL JUICIO Y JURADO

El derecho a un proceso jurídico bajo juicio y jurado es uno de los más importantes que un acusado puede tener en el proceso legal de los Estados Unidos. Este proceso es una protección contra los abusos de autoridad.

La Constitución estableció un sistema de juicio por jurado, para proteger los derechos del individuo. El jurado consiste de ciudadanos escogidos al azar. A menos de que tengan una disculpa válida, un ciudadano no puede rehusarse a formar parte de un jurado. Ser jurado se considera una obligación de la ciudadanía.

La selección de un jurado es un proceso de eliminación. De los ciudadanos llamados a presentarse, los abogados seleccionan a doce ciudadanos, individuos que juran ser imparciales en su decisión. Tanto el procurador como el abogado defensor pueden rechazar candidatos en el proceso de designar las personas que formarán el jurado imparcial. El procurador y el abogado defensor pueden entrevistar docenas de candidatos para integrar el jurado, hasta que lleguen a un acuerdo.

Es crítica la composición del jurado. Varios estudios han determinado la tendencia de ciertos grupos a votar en determinada forma. Es importante saber si un miembro del jurado ya ha decidido la culpabilidad del acusado, o si ha leído algo del caso, o si tiene ciertas actitudes o prejuicios que podrían perjudicar el asunto antes de tomar en cuenta las evidencias y los argumentos a favor o en contra del acusado. A veces se tardan varias semanas en la elección de un jurado de doce personas.

El concepto de juicio y jurado como se practica en los Estados Unidos es parte del sistema de justicia de tradición inglesa. México y Latinoamérica están bajo el sistema jurídico Napoleónico y no se acostumbra un jurado de sus semejantes.

El juicio es un debate entre dos equipos. El equipo del procurador pretende comprobar la culpabilidad del acusado, mientras que el equipo del abogado defensor quiere demostrar todo lo contrario. No pueden ser circunstanciales las evidencias presentadas por ambos lados. Tampoco se puede suponer nada. Las evidencias tienen que ser convincentes, claras, específicas, y legales. El procurador puede presentar testigos y mostrar fotografías, ropa, mapas, análisis, estudios, en fin, todo lo que pueda ayudar a convencer al jurado. Las evidencias obtenidas ilegalmente son inadmisibles. Es crítica la calidad de las evidencias y como fueron obtenidas.

EL VEREDICTO DEL JUEZ O JURADO

Existen dos tipos de juicios: el del juez que juzga y sentencia; y el juicio por jurado. En los dos tipos se llega a una decisión de culpabilidad o inocencia. En el primer caso no se requiere un jurado. El juez escucha el caso, decide la culpabilidad o inocencia, y finalmente fija la sentencia o da la libertad. El segundo tipo de juicio requiere un jurado de doce personas que decide el veredicto de culpabilidad o inocencia. El juez pronuncia la sentencia o declara libre al acusado.

En el caso del juicio por jurado, los procedimientos son decisivos. Después de escuchar las evidencias presentadas por los abogados de ambas partes, los doce ciudadanos que componen el jurado se retiran a una sala privada donde analizan todas las evidencias presentadas y, dependiendo de la seriedad del caso, pueden durar varios días considerando las evidencias. Los doce tienen que llegar a una decisión unánime que excluya cualquier duda. Esta decisión se llama el veredicto.

La creencia en el veredicto sin duda razonable ha sido tan arraigada en el sistema legal, que a veces un solo miembro del jurado ha podido convencer a los otros once de que existe suficiente duda para no condenar injustamente al acusado. Si no se puede llegar a un acuerdo unánime, por ejemplo, si el voto es de siete a cinco de retirar los cargos, el jurado se denomina *colgado* y no hay decisión ni de inocencia ni de culpabilidad. En este caso se le puede juzgar de nuevo al acusado.

LA SENTENCIA

Al regresar el jurado de su deliberación, el juez le pregunta si ha llegado a un veredicto. Generalmente el jefe del jurado lee el veredicto de inocencia o culpabilidad. En unos casos, el jurado puede declarar al acusado inocente de algunos cargos y culpable de otros. Si lo encuentran culpable, el juez dicta una sentencia. Si el jurado lo encuentra inocente, el juez lo pone en libertad.

¿ES INFALIBLE ESTE SISTEMA?

¿Puede equivocarse un jurado? Sí, por supuesto. Algunos jurados han condenado inocentes a muchos años de prisión, y aún a muerte. Algunas veces, debido a la falta de procedimientos cuidadosos y de suficiente evidencia, hay criminales que han quedado en libertad. A veces es difícil explicar la decisión de un jurado, especialmente cuando condena a una persona inocente.

Los beneficios del sistema jurídico en los Estados Unidos son las siguientes. Protege al acusado contra jueces y abogados sin escrúpulos que aceptan sobornos (mordidas). Salvaguarda al individuo contra el encarcelamiento sin causa. Defiende al acusado del abuso de autoridad policíaca. El sistema tendrá sus fallas pero en la mayoría de los casos es posible obtener justicia.

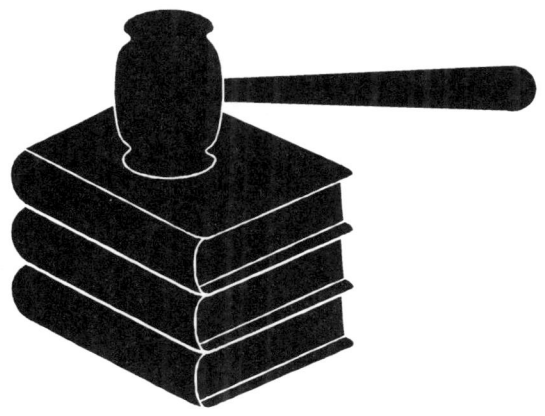

EJERCICIOS:

SECCION A: CONTESTE LO SIGUIENTE.

1. ¿Cuáles son los derechos legales garantizados en los Estados Unidos? Compare estos con los de otros países.

2. ¿Se pueden perder los derechos civiles? Explique las consecuencias de la pérdida de estos derechos.

3. Describa el sistema legal de un país Latinoamericano. Compárelo con el sistema legal de los Estados Unidos.

4. Explique el concepto de juicio y jurado. Compare este sistema legal con los de otros países.

5. Compare el sistema inglés con el sistema napoleónico acerca de la inocencia y culpabilidad del acusado y las consecuencias de éstas.

6. Compare el papel de los abogados en el sistema de los Estados Unidos con los de otros países.

7. Haga una lista de los derechos bajo la ley Miranda. Explique el significado y las consecuencias del abuso de estos derechos.

8. Discuta el significado de la libertad bajo fianza.

9. ¿Cuándo se le puede negar a un acusado la fianza?

10. ¿Qué protección se tiene con un jurado de doce personas?

11. ¿Puede un jurado declarar inocente a un acusado, aunque todo mundo sepa que es culpable? ¿Se debe cambiar la ley?

SECCION B: ESCOJA LA RESPUESTA APROPIADA.

12. El sistema inglés presupone que el acusado es
    a. inocente hasta comprobar su culpabilidad
    b. culpable hasta comprobar su inocencia
    c. criminal de un delito

13. El sistema napoleónico presupone que el acusado es
    a. inocente hasta comprobar su culpabilidad.
    b. culpable hasta comprobar su inocencia
    c. criminal de un delito

14. Al entrar a un lugar para recoger evidencias de un delito, la policía debe tener
    a. habeas corpus
    b. orden de cateo
    c. juicio y jurado

15. Sin una orden de cateo, la policía puede
    a. registrar la casa de personas sospechosas
    b. invalidar las evidencias
    c. guardar las evidencias para acusar a la persona de otro delito

16. Cuando un acusado paga la fianza puede
    a. salir del país
    b. permanecer en la cárcel
    c. permanecer en la ciudad

17. Si sufren un accidente automovilístico, los pasajeros deben
    a. abandonar el carro y huir inmediatamente

    b. permanecer en el sitio y tomar datos
    c. pagar mordida para que la policía no reporte el accidente

18. El jurado consiste de
    a. 12 policías
    b. 12 ciudadanos
    c. 12 abogados

19. Los argumentos de las evidencias del crimen en el juicio son entre
    a. la policía y el acusado
    b. el procurador y el abogado defensor
    c. el jurado y los abogados

20. Un jurado colgado quiere decir que
    a. el acusado es culpable
    b. el jurado no llegó a una decisión unánime
    c. la sentencia es de muerte

21. Un residente permanente tiene todos los derechos excepto
    a. el derecho al voto
    b. el postularse a un puesto de elección popular
    c. el trabajar en un departamento del estado
    d. el trabajar en una clínica del condado
    e. el trabajar para la CIA
    f. el recibir ayuda médica en una clínica

SECCION C: COMPLETE LAS SIGUIENTES FRASES:

22. La decisión del jurado se llama _____.

23. Los 12 ciudadanos que juzgan al acusado se llama _____.

24. Los policías tienen que leer los derechos de _____ al acusado.

25. La información recogida por la policía en contra el acusado se llama _____.

26. _____ quiere decir que el jurado esta convencido que el acusado es culpable.

27. _____ es el período de castigo ordenado por el juez por un crimen.

28. _____ es el dinero que garantiza que el acusado regresará para el juicio.

29. _____ se necesita para hacer un registro de pertenencias personales y recoger evidencia específica.

30. Cuando un jurado no puede llegar a una decisión se le nombra _____.

LA CAMPANA DE LA LIBERTAD

La Campana de la Libertad, desde el campanario del salón de la Independencia, repicó anunciando la independencia el 4 de julio de 1776. La Independencia se celebra anualmente en este día.

El primero de enero de 1976, la campana fue transportada a un nuevo sitio construido especialmente para ella, llamado el Pabellón de la Campana de la Libertad. Todo ciudadano puede apreciar este símbolo de nuestra libertad.

CAPITULO DOCE
EL PROCESO PARA HACERSE CIUDADANO

INFORMACION QUE EL ALUMNO DEBE CONOCER:

1. Identificar los pasos del proceso de la ciudadanía.

2. Identificar los documentos necesarios para solicitar la ciudadanía.

3. Identificar los obstáculos a la ciudadanía.

4. Identificar la forma la Petición de Naturalización y el Certificado de Ciudadanía.

6. Explicar el juramento de la ciudadanía.

LOS REQUISITOS PARA HACERSE CIUDADANO

La ley de amnistía de 1986 dio el privilegio a las personas indocumentadas de legalizar su residencia permanente en los Estados Unidos si llenaban ciertos requisitos. La ley estableció el proceso para hacerse ciudadanos.

SOLICITUD DE NATURALIZACION

La solicitud de la naturalización se obtiene en la oficina local del Servicio de Inmigración y Naturalización. Las formas de la solicitud son gratuitas y contienen lo siguiente:

* la solicitud
* la hoja de información biográfica
* la tarjeta de las huellas digitales-fotografías

El formulario de la solicitud debe llenarse completamente y la información debe ser verídica. Es decir, es un delito mentir bajo juramento. Las instrucciones de la forma ayudarán al solicitante a contestar las preguntas. Las respuestas a las preguntas se hacen bajo juramento cuando la persona va a la entrevista. Se le negará la ciudadanía si se comprueba que las respuestas son falsas.

También se deben completar la tarjeta de huellas digitales, las fotografías y la hoja biográfica. La información requerida es similar a la de la solicitud. Para llenar el requisito de la tarjeta de huellas digitales, se puede acudir a cualquier oficina de Vehículos y Motores, policía, sherife, o a la oficina local del Servicio de Inmigración y Naturalización.

El paquete de solicitud contiene, además, otra información específica que el candidato debe saber y documentos que tiene que traer a la entrevista. Los siguientes son requisitos que los residentes legales tienen que cumplir antes de solicitar la ciudadanía:

EDAD

Se requiere haber cumplido 18 años de edad para solicitar la ciudadanía.

ADMISION LEGAL

Solamente aquellas personas que han obtenido la residencia permanente podrán solicitar la ciudadanía.

RESIDENCIA

El solicitante debe de haber vivido continuamente en los Estados Unidos por cinco años antes de solicitar la ciudadanía permanente. El residente legal debe de haber vivido al menos los últimos seis meses en el estado donde se hace la solicitud. Existen algunas excepciones a la regla de cinco años. Si uno de los esposos es ciudadano norteamericano, el tiempo de espera es de tres años.

PRESENCIA FISICA

El solicitante puede ausentarse del país por cortas temporadas en plan de vacaciones durante los cinco años, pero nunca por más de 30 meses durante ese período. Además, no debe sobrepasar la estancia en otro país por más de un año continuo. El Departamento de Inmigración puede autorizar la estancia por un largo tiempo, si el residente trabaja para alguna agencia del Gobierno Federal, organizaciones americanas, u organizaciones religiosas.

CARACTER Y LEALTAD

El solicitante tiene que demostrar que es una persona con criterio moral, que cree en los principios de la Constitución, y que cree en el buen orden y en el bien de los Estados Unidos.

ELEGIBILIDAD MORAL Y POLITICA

El juez decide si un individuo es elegible moralmente para la ciudadanía. La falta de principios morales es una razón para negar ese derecho. Por ejemplo, la persona queda descartada:

* si es considerada alcohólica
* si practica la prostitución
* si usa narco-estupefacientes y es adicto a las drogas
* si es polígamo o polígama, (tener más de una esposo o esposa al mismo tiempo)
* si ha cometido un homicidio (no importa cuando)
* si ha sido sentenciado y encarcelado por seis meses o más
* si es un criminal
* si es jugador (gana la mayor parte de su ingreso en juegos de azar).

El juez puede considerar otras características o comportamientos, además de las ya mencionadas anteriormente, tales como:

* Haber mentido bajo juramento para obtener beneficios bajo la ley de inmigración.

* Haberse rehusado a servir en las fuerzas armadas.

* Haber sido convicto de abandonar las fuerzas armadas sin permiso (desertar) o tratado de evitar la obligación militar.

* Haber solicitado y recibido la excepción de no prestar servicio militar por ser extranjero.

* Ser miembro de una organización que favorece la dictadura en los Estados Unidos o que está a favor de métodos de violencia contra los funcionarios o el gobierno.

EXCLUSION POR MOTIVOS POLITICOS

Las personas que han sido miembros del partido comunista, u otro partido similar dentro de los Estados Unidos o fuera de él, durante los últimos diez años antes de solicitar la naturalización, no pueden ser ciudadanos a menos de que:

* El solicitante haya sido forzado a pertenecer a esos partidos.
* El solicitante era entonces menor de 16 años.
* El solicitante ya no es miembro de la organización ni está envuelto en ella.

LA DEPORTACION

Las personas que han sido deportadas por haber violado la ley de inmigración no podrán ser ciudadanas.

LEER Y ESCRIBIR INGLES

A todo solicitante se le requiere hablar, entender, leer, y escribir el inglés a un nivel mínimo. Todos tendrán que pasar un examen oral de inglés y demostrar que pueden firmar su nombre y tomar un dictado sencillo. Están excluidas las personas mayores de 50 años que han vivido en el país por más de 20 años como residentes legales. Los solicitantes en esta categoría pueden firmar en su propio idioma.

EL EXAMEN DE GOBIERNO E HISTORIA EN ESPAÑOL

Todos los solicitantes tienen que pasar un examen sobre la historia y el sistema de gobierno de los Estados Unidos para comprobar que tienen nociones básicas en esta materia. Los solicitantes pueden contestar las preguntas en su idioma.

Las preguntas están basadas en los textos federales de historia y gobierno de los Estados Unidos. Un estudio cuidadoso de este texto ayudará a la persona a prepararse para el examen.

El examen que se administra puede variar de un funcionario de inmigración a otro. A principios de 1989 el Servicio de Inmigración dará a conocer una lista completa de preguntas de las cuales se escogerán algunas de ellas al azar para formar parte del examen. Si el solicitante no lo aprueba se le dará otra oportunidad en los próximos seis meses.

La información que se ofrece en este texto cubre ampliamente la mayoría de los temas y preguntas que generalmente suelen hacerse en los exámenes.

LOS CASOS ESPECIALES

Existen excepciones especiales para categorías de individuos que desean ser ciudadanos. Los esposos o las esposas de ciudadanos de los Estados Unidos tienen preferencia al solicitar la residencia permanente y llegar a ser ciudadanos del país. Los niños, hijos de ciudadanos, pueden hacerse ciudadanos si son menores de 18 años. Puede solicitar la ciudadanía todo residente legal que ha formado parte de las fuerzas armadas de los Estados Unidos.

EL PROCEDIMIENTO PARA SOLICITAR LA CIUDADANIA

Hay varios pasos que el residente permanente debe realizar para cumplir con todos los requisitos del Departamento de la Inmigración y Naturalización.

LOS CINCO AÑOS DE RESIDENCIA

Haber vivido cinco años en los Estados Unidos como residente legal antes de empezar el proceso de naturalización o haber vivido tres años en los Estados Unidos, si el esposo o la esposa es ciudadano norteamericano.

LA PETICION PARA LA NATURALIZACION

Acudir a la Oficina de Inmigración y solicitar la forma de La Petición para Naturalización.

LA BIOGRAFIA Y LOS FOTOS

Llenar completamente el formulario de información biográfica e incluir tres fotografías, tamaño pasaporte, sin firmar.

LAS HUELLAS DIGITALES

Completar la tarjeta de huellas digitales.

LA DOCUMENTACION

Presentar toda la documentación de identificación necesaria:

* recibo y tarjeta del registro de extranjero
* registro de servicio militar, si es necesario
* pasaporte, si lo tiene
* certificado de matrimonio, si es necesario
* prueba de divorcio o acta de defunción si es viudo o viuda en su caso
* el Certificado de Naturalización del esposo o esposa.
* Prueba de poder mantener a menores de 18 años, si no viven con él o la solicitante.
* Copia del archivo de conducir si ha estado envuelto en accidentes o tenido infracciones de tránsito.

LA ENTREVISTA Y EL EXAMEN

El agente de Inmigración revisa toda la documentación y fija una cita para entrevistar al solicitante. Durante la entrevista se revisa el contenido de la solicitud y se ayuda a completar la Petición de Naturalización, es decir, el formulario legal que se llena en la Corte de Naturalización. Después de aprobar el examen de naturalización, se paga la cuota al hacer la petición.

Además, el agente pregunta sobre la historia y sistema del gobierno de los Estados Unidos para determinar si el solicitante tiene suficiente información básica acerca de estas materias. No es necesario que el solicitante sepa leer y escribir inglés para pasar esta parte del examen.

También se comprueba la capacidad de escribir inglés por un dictado sencillo y se demuestra la habilidad de firmar el nombre en letras alfabéticas romanas (algunas culturas no usan el mismo alfabeto).

Los candidatos con impedimentos físicos que no les permitan leer o escribir y los mayores de 50 años, que han vivido más de 20 años en el país, no tienen que aprobar el examen de inglés.

LA AUDIENCIA ANTE LA CORTE DE INMIGRACION

Después de aprobar el examen y de haber llenado la solicitud de naturalización, el residente debe presentarse ante la Corte de Naturalización para una audiencia final. El agente que aplicó el examen le dice al juez si el residente está calificado para naturalizarse y ser ciudadano.

Si por alguna razón, el solicitante no aprueba el examen, la persona, acompañado de su abogado (si así lo desea), puede pedir la ciudadanía directamente al juez. El juez escucha las razones del solicitante y decide el asunto.

Se pueden hacer otros procedimientos, si el residente no puede acudir personalmente por razones de enfermedad o impedimento físico, se pueden hacer otros procedimientos.

La oficina local de inmigración puede dar una información más amplia al respecto.

EL JURAMENTO DE CIUDADANIA

Si el solicitante es aceptado, el siguiente paso es hacer el juramento de lealtad a los Estados Unidos. Al hacer este juramento, el solicitante entrega la lealtad de su país y cambia su lealtad a los Estados Unidos. Elciudadano promete apoyar y defender la Constitución y las leyes de los Estados Unidos de Norteamérica.

EL CERTIFICADO DE CIUDADANIA

Después del juramento del candidato, el juez firma una orden que autoriza la naturalización. El nuevo ciudadano recibe un certificado de ciudadanía, el documento oficial que verifica que la persona es ciudadano de los Estados Unidos. Si hay un gran número de personas en la ceremonia, el certificado se le envía por coreo,

LA ESTATUA DE LA LIBERTAD

La Estatua de la Libertad, obsequio de Francia a los Estados Unidos, fue inaugurada en 1886. La Estatua simboliza la amistad internacional. Está ubicada en la Isla de la Libertad, al otro lado de la isla Ellis, en el puerto de Nueva York. En la base se encuentra un museo que conmemora la llegada de miles de inmigrantes.

La señora Libertad, con su antorcha, da la bienvenida a miles de inmigrantes que cruzan el mar en busca de la libertad y de oportunidades para un futuro mejor.

EJERCICIOS:

SECCION A: CONTESTE LO SIGUIENTE.

1. Compare los derechos legales de un individuo en los Estados Unidos con los de México, Guatemala, o El Salvador.

2. ¿Se pueden perder los derechos civiles? Explique las consecuencias de la pérdida de estos derechos.

3. Describa el sistema legal de México, o Nicaragua y compárelo con el sistema legal de los Estados Unidos.

4. Explique el concepto de juicio y jurado. Compare este sistema legal con los países de latinoamérica.

5. Compare el sistema legal inglés con el sistema napoleónico acerca de la inocencia y culpabilidad del acusado y las diferencias de éstas.

6. Compare el papel de los abogados en el sistema de los Estados Unidos con los de otros países.

7. Haga una lista de los derechos bajo la ley Miranda. Explique el significado y las consecuencias del abuso de estos derechos.

8. Discuta el significado de la libertad bajo fianza.

9. ¿Cuándo se le puede negar a un acusado la fianza?

10. ¿Qué protección se tiene con un jurado de doce personas?

11. ¿Puede un jurado declarar inocente a un acusado, aunque todo mundo sepa que es culpable? ¿Se debe cambiar la ley?

SECCION B: ESCOJA LA RESPUESTA APROPIADA.

12. El sistema inglés presupone que el acusado es
    a. inocente hasta comprobar su culpabilidad
    b. culpable hasta comprobar su inocencia
    c. criminal de un delito

13. El sistema napoleónico presupone que el acusado es
    a. inocente hasta comprobar su culpabilidad
    b. culpable hasta comprobar su inocencia
    c. criminal de un delito

14. Al recoger evidencias de un delito, la policía debe tener
    a. habeas corpus
    b. orden de cateo
    c. juicio y jurado

15. Sin una orden de cateo, la policía puede
    a. registrar la casa de personas sospechosas
    b. invalidar las evidencias
    c. guardar las evidencias para acusar a la persona de otro delito

16. Cuando un acusado paga la fianza puede
    a. salir del país
    b. permanecer en la cárcel
    c. permanecer en la ciudad

17. Si sufren un accidente automovilístico, los viajeros deben
    a. abandonar el carro y huir inmediatamente
    b. permanecer en el sitio y tomar datos
    c. pagar mordida para que la policía no reporte el accidente

18. El jurado consiste de
    a. 12 policías
    b. 12 ciudadanos
    c. 12 abogados

19. Los argumentos de las evidencias del crimen en el juicio son entre
    a. la policía y el acusado
    b. el procurador y el abogado defensor
    c. el jurado y los abogados

20. Un jurado colgado quiere decir que
    a. el acusado es culpable
    b. el jurado no llegó a una decisión unánime
    c. la sentencia es de muerte

21. Un residente permanente tiene todos los derechos excepto
    a. el derecho al voto
    b. el postularse a un puesto de elección popular
    c. el trabajar en un departamento del estado
    d. el trabajar en una clínica del condado
    e. el trabajar para la CIA
    f. el recibir ayuda médica en una clínica

SECCION C: COMPLETE LAS SIGUIENTES FRASES:

22. La decisión del jurado se llama _____.

23. Los 12 ciudadanos que juzgan al acusado se llama _____.

24. Los policías tienen que leer los derechos de _____ al acusado.

25. La información recogida por la policía en contra el acusado se llama _____.

26. _____ quiere decir que el jurado esta convencido que el acusado es culpable.

27. _____ es el período de castigo ordenado por el juez por un crimen.

28. _____ es el dinero que garantiza que el acusado regresará para el juicio.

29. _____ se necesita para registrar pertenencias personales y para recoger evidencias.

30. Cuando un jurado no puede llegar a una decisión se nombra _____.

EL EXAMEN DEL DEPARTAMENTO DE INMIGRACION Número. 312 DE CIUDADANIA.

Al cumplirse los años requeridos (de 3-5 años según el caso) de residencia permanente, se puede hacer una petición para la naturalización. El Servicio de Inmigración publicó las preguntas que se incluyen en el examen número 312. El agente que lo entrevistará puede hacerle 15 preguntas al azar de las aquí incluidas. Generalmente el examen se hace en inglés, a menos de que existan condicones especiales por razones de edad u otros factores.

Early colonies and the Constitution:

1. What is the name of the ship that brought the Pilgrims to America?

The pilgrims came to America in the Mayflower.

2. Why did the Pilgrims come to America?

The Pilgrims came to America for religious freedom.

3. What holiday was celebrated for the first time by the American colonists?

The colonists celebrated the first Thanksgiving.

4. What holiday is celebrated in November?

Thanksgiving is celebrated on the last Thursday of November.

5. Who helped the pilgrims?

The Native Americans helped the pilgrims.

6. How many original colonies were there in 1776?

There were 13 colonies.

7. What were the 13 original states of the United States called?

The 13 original states were called colonies.

8. Name the 13 original colonies.

Pennsylvania	New York	Georgia
South Carolina	North Carolina	Virginia
Massachusetts	Delaware	Maryland
Connecticut	Rhode Island	New Jersey
New Hampshire		

9. Who said "Give me liberty or give me death."

Patrick Henry said, "...give me liberty or give me death."

10. What do we call the war against England in 1775?

The war against England was called the Revolutionary War.

11. What country did we fight during the Revolutionary War?

The colonies fought against England.

12. From which country did the colonies declare their independence?

The colonies declared their independence from England.

13. When was the Declaration of Independence signed?

The Declaration of Independence was signed on July 4, 1776.

14. What is celebrated on the 4th of July?

The 4th of July is Independence Day.

15. Who was the main writer of the Declaration of Independence?

Thomas Jefferson wrote the main part of the Declaration of Independence.

16. What is the basic belief of the Declaration of Independence?

The basic belief of the Declaration of Independence is that *all men are created equal.*

17. Who was the first president of the United States?

George Washington was elected the first President of the United States.

18. What President is called the "Father of our Country."

George Washington is called the "Father of our Country."

19. What is the U.S. form of government?

The writers of the Constitution designed a Republican form of government.

20. Who was the first Commander in Chief of the U.S. Military?

The first Commander in Chief of the U.S. Military was George Washington.

21. In what year was the Constitution signed and adopted?

The Constitution was signed and adopted in 1787.

22. What is the Supreme Law of the country?

The Constitution is known as the Supreme Law of the country.

23. What is the Constitution?

The Constitution is the Supreme Law of the Country.

24. Why is the Constitution the Supreme law of the Country?

The Constitution is the Supreme Law because no other law can contradict it nor is any person exempt from following it.

25. How is the Constitution divided?

The Constitution is divided into three parts: The Preamble, the Articles, and the Amendments.

26. What are the first 10 amendments called?

The first 10 amendments are called the Bill of Rights.

27. What is the Bill of Rights?

The first 10 amendments are known as the Bill of Rights.

28. How many amendments have been added to the Constitution?

State legislatures have passed 16 amendments.

29. What is the purpose of the Preamble?

The Preamble states the philosophy and the reasons for writing the Constitution.

30. How does the Preamble begin?

The Preamble begins with the words, *We the people of the United States.*

31. What is the introduction of the Constitution called?

The Preamble introduces the Constitution.

32. What is the purpose of the Articles?

The Articles describe the structure of the government, the relationship among states, and how to amend the Constitution.

33. Can the Constitution be changed?

Yes, the Constitution can be changed.

34. What do we call a change to the Constitution?

A change in the Constitution is called an amendment.

35. How many changes or amendments are there to the Constitution?

There are 26 amendments to the Constitution.

36. How many branches are there in our government?

There are three branches in our government.

37. What are the three branches of our government?

The three branches are the legislative, the judicial, and the executive.

38. Whose rights are guaranteed by the Constitution?

The Constitution guarantees the rights and freedom of all people living in the United States both citizens and non-citizens.

39. What inherent rights are protected by the Constitution?

The Constitution guarantees the right to life, liberty, and the pursuit of happiness.

40. Name three rights or freedoms guaranteed by the Bill of Rights.

The right or freedom of speech, press, religion, peaceable assembly, and requesting change of government.

41. Where is Freedom of Speech guaranteed?

The Bill of Rights guarantees the Freedom of Speech.

42. Name the rights guaranteed by the First Amendment.

The First Amendment guarantees freedom of speech, press, religion, peaceful assembly, and the request to change the government.

43. Name some rights in the last 16 amendments.

The 13 amendment forbids slavery.
The 15th amendment gave blacks and slaves the right to vote.
The 19th amendment gave women the right to vote.
The 26th amendment gave 18 year Olds the right to vote.

THE EXECUTIVE BRANCH

44. Who makes up the Executive Branch of the government?

The Executive Branch is made up of the President, the Vice President, the Secretaries of the Cabinet, and the directors of the Federal Agencies.

45. What is the principle function of the Executive Branch?

The principle function of the Executive Branch is to enforce the laws of the country.

46. Who is the head of the Executive Branch?

The President is the head of the Executive Branch.

47. Name the two principal political parties.

The two principal political parties are the Democrats and the Republicans.

48. How often are presidents elected?

Presidential elections occur every 4 years.

49. How many terms can a president serve?

A president can serve two terms.

49. For how long de we elect the president?

We elect the president for 4 years.

50. Who elects the president?

The Electoral College elects the president.

51. What kind of government does the United States have?

The United States has a representative democracy. This is also called a Republic.

52. Is the president elected by popular vote?

No, The president is elected by the Electoral College.

53. How old must a person be to be elected president?

A person must be 35 years old.

54. What are the qualifications for the presidency?

A person must be a native born citizen, 35 years old and have lived in the United States for 14 years.

55. What are the qualifications to be vice president?

The qualifications for the vice-president are the same as for the president: 35 years old, a native born citizen, and have lived in the U.S. for 14 years.

56. What is the second highest office in the United States?

The second highest office is the vice-presidency.

57. What is the name of the President's official home?

The name of a president's official home is the White House.

58. In what month do we vote for the President?

We vote for the president in November.

59. In what month is the new president inaugurated?

The president is inaugurated in January.

60. Who is the Commander in Chief of the Military?

The president is the Commander in Chief of a the military.

61. Who was the first Commander in Chief of the Military?

George Washington was the first Commander in Chief.

62. Where is the White House located?

The White House is located in Washington D.C.

63. What is the White House?

The White house is the official home of the president.

64. Who becomes president, if the president is assassinated or dies?

The vice president assumes the duties of the president.

65. Who becomes president, if the president and the vice president die?

The Speaker of the House becomes president.

66. How many cabinet members are there?

There are 14 cabinet members.

67. What special group advises the President?

The cabinet advises the president.

68. Who is the president of the United States?

The president of the United States is _____

69. Who is the Vice President of the United States?

The Vice President of the United States is _____

THE LEGISLATURE

70. What is the Legislative Branch of our government?

The Congress is the Legislative Branch of our government.

71. What is the main duty of the congress?

Congress makes the laws.

72. Why is the Congress called a bicameral legislature?

The Congress is called bicameral because it is composed of two houses.

73. What is Congress?

Congress is the Senate and the House of Representatives.

74. Who makes the laws in the United States?

The Congress makes the laws in the United States.

75. Who signs bills into law?

The president signs bills into law.

76. Why are there 100 senators in the Senate?

Each of a the 50 states elects two senators.

77. Who has the power to declare war?

Only Congress can declare war.

78. How many states are there in the U.S.?

There are 50 states in the U.S.

79. Who elects Congress?

The people elect Congress.

80. How many Senators does each state have?

Each state elects two senators.

81. How many senators are there in Congress?

There are 100 senators in Congress?

82. How many years is the term of office of a Senator?

A senator is elected for six years.

83. How many terms may Senators be re-elected?

There is no limit to the re-election of Senators.

84. How many representatives are there in Congress?

There are 435 representatives in Congress.

85. How many years is the term of office of a representative?

Members of the House of Representative serve for 2 years.

86. How many terms may a Representative serve in Congress?

There is no limit on the number of times a Representative may be re-elected.

87. Where does Congress meet?

Congress meets in the Capitol Building in Washington D.C.

88. What is the U.S. Capitol building?

The U.S. Capitol is the building where Congress meets.

THE JUDICIAL BRANCH

89. What is the Judiciary Branch of our government?

The Supreme Court is the Judiciary Branch of the Government.

90. What is the main duty of the Supreme Court?

The main responsibility of the Judicial Branch is to interpret laws and clarify the Constitution.

91. Who names the Supreme Court Justices?

The president names the Supreme Court Justices.

92. How many Supreme Court Justices are there?

There are 9 Supreme Court Justices.

93. What is the name of the highest court in the country?

The name of the highest court in the country is the Supreme Court.

94. What is the title of the judges of the Supreme Court?

The judges on the Supreme Court are called associate justices and the leader is called the Chief Justice.

95. What are the names of the women on the Supreme Court?

Sandra O'Connor and Ruth Bader Ginsburg are the two women on the Supreme Court.

96. Who is the Chief Justice of the Supreme Court?

William Rehnquist is the Chief Justice of the Supreme Court.

97. What is the main duty of the Supreme Court?

The Supreme Court interprets the laws and clarifies the Constitution.

THE FLAG

98. What are the colors of our flag?

The colors of our flag are red, white, and blue.

99. How many stars are there on our flag?

There are 50 stars on our flag.

100. What color are the stars on our flag?

The stars on our flag are white.

101. What do the stars on the flag represent?

Each star represents a state in the Union.

102. How many states are there in the Union?

There are 50 states in the Union.

103. How many stripes are there on the flag?

There are 13 stripes on the flag.

104. What color are the stripes on the flag?

The stripes are white and red.

105. What do the stripes on the flag represent?

The stripes represent the 13 original colonies.

106. What are the 49th and 50th states of the Union?

Hawaii and Alaska are the 49th and the 50th states of the Union.

107. What is the national anthem of the United States?

The Star Spangled Banner is the national anthem.

108. Who wrote the national anthem of the United States?

Francis Scott Key wrote the Star Spangled Banner.

CIVIL RIGHTS

109. Who was president during the Civil War?

Abraham Lincoln was president during the Civil War.

110. What did the Emancipation Proclamation do?

The Emancipation Proclamation freed the slaves.

111. Which president freed the slaves?

Abraham Lincoln freed the slaves.

112. Who was Martin Luther King, Jr.?

Martin Luther King, Jr. was a Civil Rights leader.

CITIZENSHIP

113. What Immigration and Naturalization Service form is used to apply to become a naturalized citizen?

Form N-400, the Application to file Petition for Naturalization.

114. Name some benefits of being a citizen of the United States?

Only citizens have the right to vote.
Citizens can work in government jobs.
Citizens can travel with a U.S. Passport.
Citizens can petition for relatives to come to the U.S.

115. What is the most important right granted to U.S. Citizens?

The most important right is the right to vote.

116. What is the minimum voting age in the United States?

Citizens must be 18 years old to vote.

OTHER QUESTIONS:

117. Name one purpose of the United Nations?

The Untied Nations was established so that countries could discuss and try to resolve world problems and to provide economic aid to many countries.

118. Who were U.S. enemies during World War II?

The enemies were Japan, Germany, and Italy.

119. Name the two senators from your State.

The senators are _____ and _____.

120. What is the Capitol of your state?

The Capitol is _____.

121. Who is the governor of your state?

   The governor is _____.

122. What is the head executive of a State?

   The head of a state is called a governor.

EL MONUMENTO A THOMAS JEFFERSON

En memoria de Thomas Jefferson, autor de la Declaración de la Independencia, primer Secretario de Estado y tercer presidente de los Estados Unidos, se construyó este monumento en la ciudad de Washington, D.C., entre los años 1938 y 1943. El edificio forma parte de varios monumentos que embellecen la ciudad.

Alrededor del edificio hay muchos cerezos, un regalo de Japón. En el centro del monumento está la estatua de Thomas Jefferson. Lo acompañan inscripciones que en las paredes describen su filosofía sobre la libertad, la educación, y la necesidad de proteger la democracia.

GLOSARIO:

ABOGADO. Persona que se dedica a defender los intereses de los litigantes en un juicio y también a aconsejar sobre cuestiones jurídicas.

ABOLIR. Suprimir, poner fin, acabar.

ADUANA. Administración que percibe los derechos sobre las mercancías importadas ó exportadas.

AMNISTIA. Un perdón de los delitos políticos, otorgados por quien tiene capacidad para hacer las leyes. Perdona el castigo y la razón que lo provocó.

APELACION. Petición de una nueva audiencia en una corte superior.

CABILDOS. Miembros de un consejo de gobierno de ciudad o condado.

CAMPAÑA. Período en que se postula un candidato a un puesto electoral

CANDIDATO. Persona que se postula para un cargo o puesto político.

CENSO. Recuento oficial de la población que se hace cada 10 años.

COMITE. Grupo de personas seleccionadas para investigar o discutir un caso en particular.

DELEGAR.	Otorgar o asignar responsabilidades a otro.
DEMOCRACIA.	Gobierno en el que el pueblo ejerce la soberanía.
DEPORTAR.	Expulsar a una persona de un país.
DISCRIMINAR.	Diferenciar, distinguir, dar trato de inferioridad a una persona o colectividad.
DISGREGAR	Separar, apartar.
EJECUTAR.	Llevar a cabo una obra.
ENMIENDA.	Corrección, variante de un proyecto.
EXENTO.	Libre de, dispensa.
FIANZA.	Garantía.
IMPONER.	Establecer como obligatorio.
JERARQUIA.	Ordenación por rango o autoridad.
LEGISLAR.	Establecer, promulgar leyes.
PATENTE.	Certificación que se da por el gobierno al autor de un invento.
PETICION.	Requisición formal por escrito.
PRESIDIR.	Dirigir una asamblea.
PROMULGAR.	Publicar solemnemente, anunciar.
SENTENCIA.	Decisión usualmente acerca de un castigo.

VEREDICTO. Decisión dictada por un jurado.

VETO. Derecho por el cual la máxima autoridad del poder ejecutivo puede negarse a firmar una propuesta de ley.

DICCIONARIO

Administración Nacional de Aeronáutica Espacial	National Aeronautics and Space Administration
AFDC	Aid to Families with Dependent Children
Administración para La Pequeña Empresa	Small Business Administration
Administración de Veteranos	Veterans Administration
Agencia de Protección Ambiental	Environmental Protection Agency (EPA)
Agencia de Información de los Estados Unidos.	U.S. Information Agency
Comisión de Seguridad de Protección para el consumidor	Consumer Protection Safety Agency Commission
Comisión Federal Electoral	Federal Election Commission
Comisión Federal de Comercio	Federal Trade Commission
Comisión de los Derechos Civiles	Commission on Civil Rights
Consejo Federal de la Reserva Moneteria	Federal Reserve Board
Consejo Nacional de Relaciones Laborales	National Labor Relations Board

Consejo Nacional de Seguridad	National Security Council
Corporación Federal Aseguradora Depósitos Bancarios	Federal Deposit Insurance de Company (FDIC)
Cortes Federales de Circuito	Federal District Courts
Cortes de Reclamaciones	Court of Claims
Cortes de Aduanas	Court of Customs
Cortes de Apelación de Patentes y Aduana	Court of Customs and Patent Appeals
Cortes Militares de Apelaciones	Court of Military Appeals
Cortes Municipales	Municipal Courts
Corte Juvenil	Juvenile Court
Gabinete	Cabinet
Suprema Corte	Supreme Court
Secretaría de Estado	Department of State
Secretaría de Hacienda	Department of the Treasury
Secretaría de la Defensa	Department of Defense
Secretaría de Justicia	Department of Justice
Secretaría de Gobernación	Department of the Interior
Secretaría de Agricultura	Department of Agriculture

Secretaría de Comercio	Department of Commerce
Secretaría del Trabajo	Department of Labor
Secretaría de Salubridad y Recursos Humanos	Department of Health and Human Sevices
Secretaría de la Vivienda y Desarrollo Urbano	Department of Housing and Urban Development
Secretaría del Transporte	Department of Transportation
Secretaría de Educación Pública	Department of Education
Secretaría de Energía	Department of Energy

A

abogado	lawyer
abogado defensor	defense lawyer
acusación formal	criminal charge
acuartelar	to quarter soldiers
aguas negras	sewage
alcalde/presidente municipal	mayor
alto riesgo	high risk
anterior	previous
apelar	to appeal
aportar	to contribute
aprobar	to approve
asamblea	assembly (house of representatives)
asambleísta	assemblymen
asegurar	ensure

asistencia pública	public assistance
asociados	associate
asesoría legal	legal advise
atestiguar	to testify
audiencia	court hearing
autoincriminación	self incrimination
autor	author

B

basura	trash/garbage
biblioteca	library
bombero	fireman
búsqueda de la felicidad	pursuit of happiness

C

cabildos/concejales	councilperson
cambio	change
cárcel	jail
Carta de Derechos	Bill of Rights
cateo	search
causa de (a)	because/ due to
censo	census
certificado de ciudadanía	certificate of citizenship
ciudadano	citizen
ciudadanía	citizenship
colegio electoral	electoral college
condado	county
conocer	to know
conocida	known
culpable	guilty

D

de acuerdo	in agreement
delito	crime
derechos	rights
desagüe	drain
deuda	debt
difícilmente	with difficulty
dinero	money
dinero en efectivo	cash payment
diputado	representative
discriminar	to discriminate
diseñar	to design
durar	to last

E

ejecutivo	executive
empatar	to tie as in vote
encontrar	to find
enmienda	amendment
equilibrio	balance
escoger	to choose
escogidos al azar	chosen at random
estado	state
expresión	speech
exterior	outside, foreign

F

fianza	bail
filibustero	filibuster
fuero	law
fundador	founder

G

ganar	to win
ganada	won
gerrymander (división arbitaria)	gerrymander
gobierno	government
gran	great/major
Guardia National	National Guard
guerra	war
Guerra Civil	Civil War

H

huellas digitales	finger prints

I

impedimentos físicos	handicapped
imprimir	print
impuesto	tax
inadmisible	inadmissible
innato	innate/inherent

J

jardín de las rosas	The Rose Garden
jefe	head of/chief/director
jefe máximo de las fuerza armadas	Commander in chief
juez de Paz	Justice of the Peace
juicio	trial
judicial	judicial
jurado	jury
jurado colgado	hung jury
juramento	oath

jurar	to swear
jurando	swearing
juzgar/juzgado	to judge

L

llevar a cabo	carry out
lealtad	loyalty
legislativo	legislative
ley suprema	supreme law
leyes	laws
libre	free
libertad	liberty/freedom
libertad bajo fianza	free on bail
líder	leader
lograr	to achieve/obtain
lucha	fight or struggle

M

madre patria	mother country
mandatario	leader/president
mayoría	majority
mesa directiva escolar	school board
mes	month
milicia	armed forces
multa	fine

N

nacer	to be born
naciente	incipient/new born
naturalizado	naturalized
negar	to deny
nombramiento	nomination

O

oficina ovalada	the Oval Office
otorgar	to grant/give

P

pagar	to pay
país	country
partido político	politcal party
perder	to lose
pertenecer	to belong to
población	population
poder	to be able to/can
poder	power
portar	to carry/bear
postular	stand as candidate
preámbulo	preamble
prensa	press
presidir	to preside over
presión	pressure
principio	principle
procedimiento	procedure
procurador	prosecutor
Procurador General	Attorney General
propiedad	property
propuesta de ley	bill
proteger	to protect
proveer	to provide
pueblo	town/ people

R

ramas	branches
recaudar	to collect
reconocido	known as/recognized

regir	rule/govern
requisito	requirement
rehusar	refuses
revisión	check

S

salubridad	health
senador	senator
Servicio Postal	Postal Service
sin duda razonable	beyond reasonable doubt
soberanía	sovereignty
sobre	over, on
solucionar	to solve
soñar	to dream

T

tarea	work or task
Teniente Gobernador	Lieutenant Governor
tirano	tyrant
tratado	treaty
traidor	traitor

U

ubicada	located

V

veredicto	verdict
vetar	to veto
vigilar	to watch over
viviente	alive
vocero de la Cámara de diputados	Speaker of the House

RESPUESTAS

CAPITULO 1:

SECCION A: Los maestros dirigen la discusión.

SECCION B:
1. 1215 en Runnymede
2. vea página 6-7 (1-20)
3. doce
4. habeas corpus
5. peregrinos
6. vea página 10
7. disolver
8. las cartas constitucionales

CAPITULO 2:

SECCION B:
1. Virginia en 1607
2. la voluntad de la mayoría
3. La Cámara de Burgueses
4. Pacto de la Flor de Mayo
5. John Locke
6. Roger Williams y William Penn
7. Maryland
8. 1763
9. representación
10. El Acta del Timbre
11. Los jóvenes de la libertad
12. Las Actas Represivas o Las Actas Intolerables

CAPITULO 3:

Los maestros dirigen la discusión.

CAPITULO 4:

SECCION A: Los maestros dirigen la discusión.

SECCION B:

1. Las Actas Intolerables
2. representación política
3. Comité de Correspondencia

CAPITULO 5:

SECCION A: Los maestros dirigen la discusión.

SECCION B:

1. Filadelfia en 1787
2. James Madison
3. Legislativo, ejecutivo, judicial
4. La Ley Común
5. Alexander Hamilton, James Madison, y John Jay.
6. El Plan de Virginia y el Plan de Nueva Jersey
7. Las tres quintas partes
8. El Colegio Electoral
9. Innatos

CAPITULO 6:

SECCION A: Los maestros dirigen la discusión.

Capítulo 6
SECCION B:
1. Inglaterra

2. 1787
3. 13
4. Philadelphia.
5. George Washington
James Madison
Benjamin Franklin
Alexander Hamilton
6. James Madison
7. Los derechos innatos
Un gobierno por el pueblo
Separación de poderes
8. El preámbulo
Los artículos
Las enmiendas
9. Una enmienda
10. La Carta de Derechos
11. El ejecutivo
El judicial
El legislativo
12. El ejecutivo
13. El presidente
El Vice Presidente
El consejo de Ministros
Los jefes de Agencias
19. Legisladores
20. Jueces

SECCION C:
1. (b) Benjamín Franklin
2. (b) 1776
3. (b) Pennsylvania
(c) Nueva York
(f) Carolina del Norte
4. (b) 4 de julio
5. (b) la Carta de Derechos
6. (b) el equilibrio de poderes

243

7. (b) Ejecutivo
8. (a) Legislativo
9. (c) Judicial
10. (b)   12. (a)
    (c)   (b)
    (e)   (d)
11. (b)   13. (a)

SECCION D: **SECCION E:**

34. 2   45. 1
35. 1   46. 1
36. 4   47. 5
37. 6   48. (b)
38. 5   49. (c)
39. 13   50. (e)
40. 19   51. (c)
41. 22   52. (b)
42. 24   53. (b)
43. 8   54. (b)
44. 6   55. (b)

CAPITULO 7:

SECCION A: **SECCION B:**

1. 35 años   14. No
2. 14 Años   15. Sí
3. el Vicepresidente   16. Sí
4. Reforzar   17. Sí
5. el Presidente John Kennedy   18. No
6. el veto   19. No

7.	el gabinete	20.	Sí
	la Suprema Corte	21.	No
	las agencias Independientes	22.	Sí
8.	el senado		
9.	los Secretarios		
10.	el gabinete		
11.	la Justicia		
12.	Bill Clinton		
13.	Al Gore		

SECCION C:　　　　　　**SECCION D:**

23.	Hacienda	28.	(a)
24.	Comercio	29.	(b)
25.	Servicio Postal	30.	(b)
26.	Transporte	31.	(c)
27.	Educación	32.	(a)
	33. (a)		
	34. (b)		
	35. (c)		
	36. (c)		

CAPITULO OCHO:

SECCION A:

1.	(b)	4.	(c)
2.	(c)	5.	(a)
3.	(a)	6.	(b)
	(b)	7.	(b)

SECCION B:

SECCION D:

8.	_____	20.	No
	_____y_____	21.	No
9.	_____y_____	22.	No
10.	dos	23.	No
11.	el senado	24.	No
	la Cámara de Diputados	25.	Sí
12.	aprobar nominaciones	26.	No
	negar dinero para	27.	No
	el presupuesto al	28.	No
	poder Ejecutivo	29.	Sí
13.	redactar las leyes	30.	Sí
14.	.Regular el dinero	31.	Sí
	Regular el comercio	32.	Sí
	Redactar las leyes		
	Declarar la guerra		
	aprobar las leyes que regulan Washington D.C.		
15.	..Cumplir 30 años		
	..Ciudadano durante 9 años		
	..Residente del estado		
16.	.Cumplir 25 años		
	.Ciudadano durante 7 años		
	.Residente del estado		
17.	número de distritos		
18.	el congreso		
19.	10 años		

CAPITULO 9:

SECCION A: Los Maestros dirigen la discusión (1-8)

SECCION B: **SECCION C:**
9.   a. Interpretar la Constitución   17.   (b)
     b. Resolver litigios entre los   18.   (c)

	gobiernos estatales	19.	(b)
	c. Resolver litigios entre personas	20.	(c)
	d. Naturalizar a residentes	21.	(b)
10.	Judicial	22.	(a)
11.	El presidente	23.	(b)
12.	Los legisladores	24.	(c)
13.	9		
14	Sandra O'Connor	**SECCION D:**	
15.	Apelar	25.	(c)
16.	Distrito	26.	(d)
	Circuito de apelaciones	27.	(a)
	La Suprema Corte	28.	(a)

CAPITULO 10:

SECCION A: Los Maestros dirigen la discusión. (1-14)

SECCION B: **SECCION C:**

15.	_____	34.	(c)(b)
16.	Teniente Gobernador	35.	(c)
17.	_____	36.	(a)
18.	_____	37.	(a)
19.	_____	38.	(b)
20.	Legislativo	39.	(c)
21.	Judicial	40.	(c)
23.	Legislativo	41.	(a)
	Ejecutivo	42.	(b)
	Judicial	43.	(a)
24.	gobernador		
25.	_____	**SECCION D:**	
26.	la guerra civil		
27.	1950		
28.	los republicanos	44.	No
	los demócratas	45.	Sí

29.	_____	46.	No
30.	1._____ 2._____	47.	Sí
	3._____	48.	Sí
	4._____ 5._____	49.	No
31.	.de policía	50.	Sí
	.cortes municipales	51.	No
	.recauda impuestos	52.	No
	administra parques	53.	No
32.	el condado	54.	Sí
33.	la mesa directiva	55.	Sí
	56. Sí		

CAPITULO 11:

SECCION A: Los maestros dirigen la discusión. (1-11)

SECCION B: SECCION C:

12.	(a)	22.	el veredicto
13.	(b)	23.	el jurado
14.	(b)	24.	Miranda
15	(b)	25.	evidencias
16.	(c)	26.	sin duda razonable
17.	(b)	27.	la sentencia
18.	(b)	28.	fianzas
19.	(b)	29.	orden de cateo
20.	(b)	30.	colgado
21.	(a)		
(b)			
(e)			